AF313966

TRAITÉ

Théorique et Pratique

D'INSTRUMENTATION

POUR

Harmonies et Fanfares

PAR

E. ETESSE.

Chef de Musique au 8ᵉ de ligne

Prix net : 8ᶠ

PARIS, chez GOUMAS, Passage du Grand Cerf, 18. 20

St OMER (Pas de Calais) chez L'AUTEUR, Chef de Musique, au 8ᵉ de ligne

Dépôt pour tous Pays

1881

INTRODUCTION.

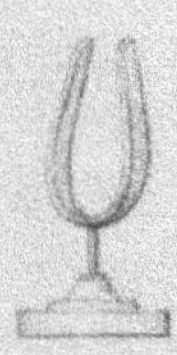

Vibration d'un corps sonore.— Supposons une corde blanche et tendue, placée devant un fond noir, si en la pinçant vers son milieu, on l'écarte de sa position d'équilibre on reconnaît, qu'abandonnée à elle-même, elle rend un son qui persiste autant de temps qu'elle vibre.

En même temps et à la place de la ligne blanche très nette lorsque la corde était immobile, on verra une corde moins lumineuse mais renflée de plus en plus à mesure que la partie que l'on considère est plus voisine du milieu. Ce phénomène a pour cause la rapidité des vibrations, lesquelles s'aperçoivent simultanément, à cause de la persistance des impressions sur la rétine.

Le milieu de cette corde où les vibrations s'exécutent avec la plus grande amplitude, s'appelle **ventre** et les parties extrêmes qui sont immobiles ont reçu le nom de **nœuds.**

Dans un corps quelconque qui rend un son, il en est toujours ainsi.

Les vibrations sont simples et doubles : ainsi lorsque la corde passe d'une de ses positions extrêmes à la position opposée, elle exécute une vibration simple. Le mouvement qu'elle accomplit pour aller d'une position extrême à l'autre et ensuite pour revenir à sa position première, représente une vibration double.

Si nous prenons comme autre exemple un diapason qui est constitué par une tige de métal en forme de pincettes, nous entendrons un son très pur, si par un moyen quelconque nous en faisons vibrer les deux branches, les extrémités de ces deux branches exécuteront alors rapidement un mouvement de va-et-vient de part et d'autre de leurs positions normales et les deux points extrêmes où les vibrations auront la plus grande amplitude recevront le nom de **ventres.** Le point central de la partie courbe se trouvant immobile sera nommé **nœud.**

Pour connaître le nombre des vibrations d'un diapason on a imaginé de fixer une pointe à l'extrémité de l'une des branches de cet instrument, puis ensuite de faire glisser le long de cette pointe et de bas en haut, une plaque de verre recouverte de noir de fumée, la pointe qui oscille trace des sinuosités sur le verre qui se déplace et chacun des traits ainsi obtenu, correspond à une vibration simple.

On a construit des diapasons de toutes grandeurs, le diapason adopté en

6

France par un arrêté ministériel fixe le *la* normal à un nombre de vibra_
tions égal à 870 vibrations simples à la seconde. M. Despretz a fait
construire un diapason dont le son correspondait à 73.000 vibrations par
seconde, l'oreille appréciait parfaitement la note, mais ce n'était pas sans
souffrance.

Dans le registre grave, la dernière note que notre oreille peut perce_
voir, correspond à peu près à 33 vibrations par seconde.

Dans le registre aigu, le diapason de M. Despretz nous montre l'im_
possibilité d'aller plus loin.

En musique, la note la plus aigüe est le **la**, elle correspond à 6960
vibrations.

La production du son dans les instruments à vent aura lieu par la mise
en vibration de la colonne d'air, passant dans un tuyau au moyen d'une em_
bouchure quelconque.

Ainsi que tout corps vibrant, toutes les fois qu'une colonne d'air vibre
dans un tuyau, il existe dans certains joints de cette colonne, des tranches
perpendiculaires à la longueur du tuyau, qui demeurent invariablement im_
mobiles, pendant tout le temps que le même son se fait entendre.

Ces tranches représentent les *nœuds de vibration*.

Pour prouver l'existence de ces nœuds on prend par exemple un tuyau
d'orgue à embouchure de flûte et ouvert à son extrémité, si on lui fait ren_
dre au moyen d'une soufflerie, le son le plus grave qu'il puisse faire en_
tendre, au milieu de la colonne d'air ébranlée, il y aura une tranche gazeu_
se immobile où un *nœud*.

Pour le prouver on fait pénétrer dans le tuyau un piston qui s'y adapte
exactement, on constate alors que lorsque la base inférieure du piston a at_
teint le milieu du tuyau le son qui se trouvait jusque là altéré par la pré_
sence d'une nouvelle paroi solide, reprend aussitôt sa hauteur normale.

Si donc le piston ne modifie pas le son rendu primitivement par le tu_
yau, au moment où il parvient au milieu de la hauteur de ce dernier, c'est
que la lame d'air qu'il touche à ce moment, était déjà immobile avant son
introduction.

Donc, lorsqu'un tuyau quelconque rend le son le plus grave qu'il puisse
donner il existe juste au milieu de ce tuyau un *nœud*, et à chaque extré_
mité un *ventre*.

Le son fondamental rendu par deux tuyaux de longueurs différentes cor_
respondra à des nombres de vibrations qui seront en raison inverse des

longueurs de ces tuyaux.

Supposons un tuyau de 1 mètre de longueur donnant 340 vibrations par seconde, si nous le réduisons à ½ mètre, le son fondamental de ce tuyau sera l'octave du premier et donnera par conséquent 680 vibrations par seconde.

SONS HARMONIQUES DES TUYAUX OUVERTS.

Quand on force progressivement le courant d'air qui pénètre dans un tuyau ouvert, on lui fait rendre successivement les sons qui correspondent à la série des nombres entiers 1, 2, 3, 4, 5, 6, etc.

Ainsi quand le son fondamental est **ut**, celui qui lui succède est l'**ut** à l'octave aigüe du premier correspondant à un nombre double de vibrations, vient ensuite **sol**, correspondant à un nombre triple de vibrations, etc. etc.

Supposons un tube fig: 4 dont le son le plus grave est **ut** nous aurons ainsi qu'il est dit plus haut une tranche immobile en N ou un *nœud* et un ventre à chaque extrémité v¹ v².

Si nous forçons le courant d'air, nous obtiendrons l'**ut** à l'octave aigüe, et les modifications suivantes dans la distribution des *ventres* et des *nœuds*.

En continuant d'augmenter la vitesse du courant d'air, nous obtiendrons **sol**, et la distance des deux ventres consécutifs sera le $\frac{1}{3}$ de la longueur du tuyau. Ex: et ainsi de suite pour toutes les autres notes harmoniques.

Pour prouver ces démonstrations, supposons une flûte fig: 5 se démontant en 3 parties égales, si on fait rendre à cet instrument un **sol** harmonique, les parties 2 et 3 du tube de l'instrument peuvent être supprimées sans qu'aucune altération ne se produise dans le son émis.

Je termine ici cette introduction en renvoyant à des livres spéciaux les musiciens qui désireraient connaître à fond, les phénomènes si intéressants de l'*acoustique*.

Je n'ai donné ici que les choses nécessaires à la compréhension des théories contenues dans cet ouvrage, en m'estimant trop heureux si j'ai su me faire comprendre et donner le désir de cultiver cette science si importante qui se nomme l'*acoustique*.

TRAITÉ THÉORIQUE ET PRATIQUE
d'INSTRUMENTATION
pour
HARMONIES et FANFARES.

1ère PARTIE.

1.— **L'instrumentation** est l'art d'employer les instruments qui composent un orchestre de manière à en tirer le meilleur effet possible dans la musique.

2.— On donne le nom d'orchestre à la réunion de plusieurs groupes d'instruments différents.

De nos jours on distingue trois principaux orchestres:

1° **Orchestre à Cordes** ou **lyrique** [1] —— Composé en majeure partie d'instruments à cordes.

2° **Orchestre d'harmonie** —— Composé d'instruments à vent en bois et en cuivre et d'instruments à percussion.

3° **Orchestre-Fanfare** —— Composé exclusivement d'instruments en cuivre.

3.— Pour orchestrer, il faut connaître l'harmonie, l'étendue de chacun des instruments employés, et les différents timbres qui les caractérisent.

Notre but étant d'étudier les instruments à vent nous ne nous occuperons pas de l'orchestre à cordes.

MUSIQUE D'HARMONIE.

4.— Cet orchestre est composé d'instruments à vent, en bois et en cuivre et d'instruments à percussion. Nous prendrons pour modèle la composition réglementaire d'une musique militaire française, qui réunit assez bien les conditions de sonorité et d'équilibre si longtemps cherchées dans la musique d'harmonie « Ce genre de musique dit M. Gevaërt, dans son traité d'instrumentation, remonte par ses origines à l'époque la plus reculée.

« Tous les peuples anciens et modernes ont connu à la guerre l'usage des instruments de musique; toutefois l'établissement définitif des musiques militaires ne date en France que du règne de Louis XV.

« Des fifres, des hautbois, des bassons, des trompettes, des timbales, des tambours, telle est la composition de ces bandes.

« Les instruments se divisaient en trois groupes que l'on réunissait rarement. 1° les fifres et tambours, 2° trompettes et timbales 3° hautbois et bassons

[1] La famille des violons est une descendance de la lyre.

Voici un exemple de cette troisième combinaison.

HAUTBOIS 1 et 2.

TAILLE de HAUTBOIS
ou
COR ANGLAIS.

BASSE de HAUTBOIS
ou
BASSONS.

KASTNER.
Manuel de Musique
militaire.

(Lully, 1670. Marche Française.)

«Cet état de choses dura jusqu'au milieu du **XVIII**ᵉ siècle, époque à laquelle la clarinette commença à prendre le rôle le plus important dans la musique militaire et à y supplanter peu à peu les hautbois.

«Vers 1760, les sérénades, les musiques de tables, les divertissements pour instruments à vent, furent mis à la mode en Allemagne et exercèrent une heureuse influence sur la musique militaire.[2]

«Ces morceaux étaient généralement écrits pour deux flûtes, deux hautbois, deux clarinettes, deux bassons, deux cors et offraient une réunion instrumentale bien équilibrée; mais, quant à ces sonorités se joignaient celles des trompettes, des timbales et des tambours, les bassons étaient impuissants à faire entendre la basse.

«Une révolution plus radicale a été opérée par l'invention des pistons (1816) et leur application à la plupart des instruments de cuivre.

«Avant cette innovation, les clarinettes étaient dans l'harmonie les seuls instruments capables de faire entendre toute espèce de mélodies,de plus les modulations étaient presque interdites, sous peine de se priver des cors et des trompettes.»

5. — Au moyen des instruments de cuivre chromatiques,ces défauts ont disparu et depuis l'invention des saxophones et de la famille complète des saxhorns, on peut dire que la musique d'harmonie est arrivée à son apogée ou tout au moins à un grand degré de perfection.

Il suffit, pour s'en rendre compte, d'entendre certaines musiques militaires comme la Garde de Paris, les Guides de Bruxelles et nombreuses autres qu'il serait trop long d'énumérer, pour se convaincre que les musiques d'harmonie de nos jours peuvent dans beaucoup de circonstances rivaliser avec les orchestres à cordes.

6. — Le tableau suivant renferme tous les instruments employés dans une musique d'harmonie militaire française (1880)

[2] Mozart et plus tard Beethoven, n'ont pas dédaigné ce genre de musique.

REGISTRES.	BOIS.				CUIVRES.			
	FLÛTES.	HAUTBOIS.	CLARINETTES.	SAXOPHONES.	CORNETS à PISTONS.	TROMPETTES	TROMBONE	SAXHORNS.
SUR AIGU.	Pᵗᵉ flûte ré♭		Pᵗᵉ clarinette mi♭					Petit saxhorn mi♭ ou Petit bugle.
AIGU.	Gᵈᵉ flûte ut.	Hautbois.	1ᵉ,Gᵈᵉ clarinettes i♭ 2ᵉ si♭	Soprano si♭	1ᵉʳ piston 2ᵉ piston	1ᵉ trompette. 2ᵉ trompette.		Contralto si♭, ou bugle.
MÉDIUM.				Alto mi♭				Alto mi♭.
GRAVE.				Ténor si♭.			Trombon.	Baryton si♭. Basse si♭.
SOUS GRAVE.				Baryton mi♭.				Contrebasse mi♭. Contrebasse si♭.

7. — Nous allons en conséquence étudier le rôle que doit jouer chacun des instruments comprenant la partition, en nous rendant compte de l'étendue de son registre, de son timbre et des difficultés que présente son exécution.

8. — Nous diviserons ces instruments en trois groupes:

1.° Famille des instruments en bois;

2.°   d.°   des instruments en cuivre;

3.°   d.°   des instruments à percussion.

1.ᵉʳ GROUPE.

Famille des **Instruments en bois**

9. — Cette famille comprend trois divisions bien distinctes:

1.° **Famille Flûte**, le son est produit par une insufflation directe;

2.°   d.°   **Clarinette**, le son est produit par la vibration d'une anche simple;[1]

3.°   d.°   **Hautbois** et **Bassons**, production du son par la vibration d'une anche double.[2]

FAMILLE FLÛTE.

FLÛTES D'ORCHESTRE.	HARMONIE.
GRANDE FLÛTE en UT.	PETITE FLÛTE en RÉ ♭.
PETITE FLÛTE en UT.	d.° d.° en MI ♭.
	GRANDE FLÛTE en UT.
	d.° d.° en MI ♭.
	d.° d.° en FA.(inusitée)

PETITE FLÛTE en RÉ ♭.

10. — **Etendue:** 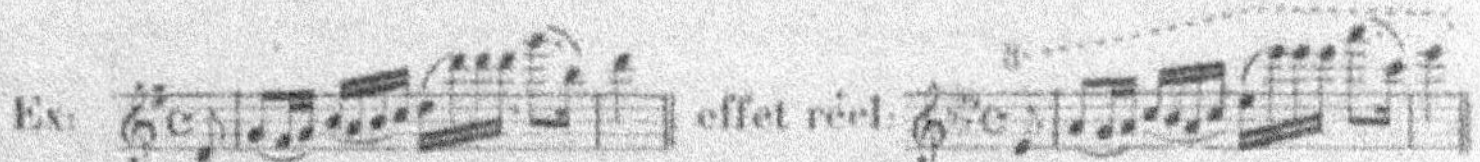 avec tous les intervalles chromatiques.

L'effet réel se produit à la neuvième mineure supérieure:

Ex: ... effet réel ...

11. — **Registre** — Trois registres, le **grave** faible, s'emploie peu même en solo, — le **médium**, joyeux et brillant; — l'**aigu** perçant et strident, ainsi que sur tous les instruments à vent, le médium est le meilleur.

12. — **Timbre-caractère** — Son timbre clair se marie bien à celui des clarinettes. Brillant et joyeux, il convient surtout aux broderies, aux traits hardis, aux trilles etc.

La petite flûte est un instrument précieux dans une musique d'harmonie.

Elle accroît la sonorité générale, en donnant les notes les plus élevées de l'échelle musicale[1] et donne de la netteté et du relief aux traits dans les forte.

13. — **Mécanisme** — Favorable à la difficulté, la petite flûte exécute avec facilité les traits les plus chargés, la répétition de plusieurs notes placées sur le même degré se fait facilement au moyen du double coup de langue.

14. — Toutes les tonalités sont abordables pour la petite flûte, mais celles qui sont le moins chargées d'accidents offrent plus de facilités.

Elle joue de préférence avec des dièzes.

15. — Cet instrument fait tous les trilles. On évitera cependant ceux placés entre deux notes accidentées.

---

(1) Morceau de roseau dont l'une des extrémités est amincie, et dont les vibrations rapides produisent le son.

(2) Deux plaques de roseau fixées ensemble, et qui prenant pour point d'appui les lèvres de l'exécutant, vibrent sous la pression de la colonne d'air.

PETITE FLÛTE en RÉ ♭.
(système Bichot)

(1) Nous disons plus élevées pour l'orchestre car l'oreille peut percevoir des sons beaucoup plus aigus que ceux donnés par la petite flûte.

GRANDE FLÛTE en UT.
(système Böhm)

16. — L'étendue de la flûte est de  avec tous les inter_
valles chromatiques.

Aujourd'hui la majeure partie des exécutants se servent de la flûte
Böhm, descendant jusqu'au do♯ au moyen d'une patte supplémentaire.

Ex: 

Cet instrument s'écrit toujours en clé de Sol.

17. — **Registre** — Trois registres presque indistincts, ou sans repère
appréciable. Cependant sous le rapport de la puissance il y a une dif_
férence quasi sensible à constater.

Le 1er sonne un peu plus faiblement que le 2e. 

Le 2e plus faiblement que le 3e.

Le 3e est le plus brillant des trois.

18. — **Timbre** — Le timbre de la grande flûte est doux et pénétrant,
mais il manque essentiellement de puissance, il est donc inutile d'em_
ployer les notes graves dans les forte, ce serait une sonorité de perdue,
mais on peut les utiliser dans les piano et dans les solos.

19. — **Mécanisme** — Tout ce que nous avons dit du mécanisme de la
petite flûte s'applique également à la grande flûte en ut, ainsi qu'aux
autres variétés de cette famille.

Dans les tons peu chargés d'accidents, la flûte peut exécuter les traits
les plus hardis et les plus difficiles.

L'exemple suivant fera connaître le genre de difficulté que l'on peut
écrire pour la flûte.

(Rossini : Ouverture de Guillaume Tell)

20. — L'instrument qui occupe le premier rang dans la catégorie des instruments en bois est sans contredit la clarinette.

Son apparition date de 1690 ; bien imparfaite alors[1], elle eut peu de succès ; le rôle prépondérant qui lui est dévolu aujourd'hui dans la musique d'harmonie et à l'orchestre, est le résultat des nombreux perfectionnements qu'elle a subis.

La puissance de ses sons, l'étendue de son registre, la faculté qu'elle possède au plus haut degré d'augmenter et de diminuer le son, enfin la facilité avec laquelle on exécute les traits sur cet instrument, font de la clarinette le roi des instruments à vent.

H. Berlioz en parlant de la clarinette dans son traité d'instrumentation s'exprime ainsi : « Sa voix est celle de l'héroïque amour ; et si les masses d'instruments de cuivre, dans les grandes symphonies militaires, éveillent l'idée d'une troupe guerrière couverte d'armures étincelantes, marchant à la gloire ou à la mort, les nombreux unissons de clarinettes, entendus en même temps, semblent représenter les femmes aimées, les amantes à l'œil fier, à la passion profonde, que le bruit des armes exalte, qui chantent en combattant, qui couronnent les vainqueurs, ou meurent avec les vaincus. Je n'ai jamais entendu de loin une musique militaire sans être vivement ému par ce timbre féminin des clarinettes, et préoccupé d'images de cette nature, comme après la lecture des antiques épopées. Ce beau soprano instrumental, si retentissant, si riche d'accents pénétrants quand on l'emploie par masse, gagne dans le solo en délicatesse, en nuances fugitives, en affectuosités mystérieuses ce qu'il perd en force et en puissants éclats. Rien de virginal, rien de pur comme le coloris donné à certaines mélodies par le timbre d'une clarinette jouée dans le *médium* par un virtuose habile. »

21. — On a construit des clarinettes dans plusieurs tonalités.

En voici les différentes variétés divisées par groupes :

1er GROUPE.	2e GROUPE.	3e GROUPE.	4e GROUPE.	5e GROUPE.
SUR AIGU.	AIGU.	MOYEN.	GRAVE.	
PETITE CLARINETTE.	GRANDE CLARINETTE.	CLARINETTE ALTO.	CLARINETTE BASSE.	CLARINETTE CONTRE BASSE.
en FA, en MI♭, en RÉ♭.	en UT, en SI♮, en SI♭, en LA.	en FA, en MI♭.	en UT, en SI♭.	en MI♭.

Les principales variétés sont :

ORCHESTRE.	HARMONIE.
Grande clarinette en UT,	Petite clarinette en MI♭,
d° d° en SI♭,	Grande clarinette en SI♭,
d° d° en LA,	Clarinette basse en SI♭.
Clarinette basse en SI♭.	

22.—On se sert donc dans l'harmonie militaire:

1º De la **Clarinette si♭** qui est celle employée du reste par les virtuoses pour les solos; c'est la clarinette par excellence la plus riche en effets de toute nature,

2º De la **Clarinette mi♭**,

3º De la **Clarinette basse si♭**.

23.— La **Clarinette si♭** la plus parfaite de la famille est accordée un ton au dessous de la note réelle c'est à dire que son ut est un si♭ par rapport au la du diapason.

Manière d'écrire

Effet réel

24.— Son étendue est comprise entre les deux notes suivantes:

La clé de sol est la seule employée pour les différentes clarinettes en usage.

25.— La clarinette renferme 4 registres bien distincts, mais suffisamment homogènes; 1º le grave ou chalumeau; 2º le médium, ou sons

intermédiaires; 3º l'aigu, ou clairon [1];

(1) Anciennement
Clarino clarinetto.

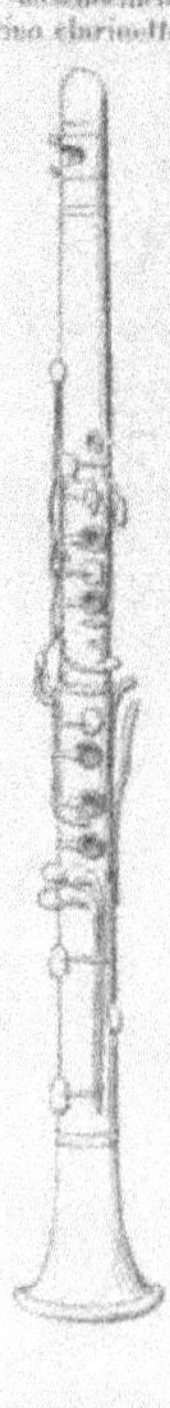

4º le sur-aigu;

Le registre grave ou chalumeau est doux et rond quoique mordant, on l'emploie fréquemment pour les arpèges.

Le médium est plus terne, il renferme les trois plus mauvaises notes de la clarinette savoir:

On évitera donc de placer un trait renfermé dans le registre médium, tels que: Ex: 3

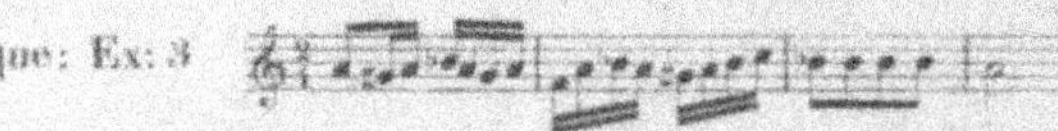

26.—On peut faire tous les trilles majeurs et mineurs avec la clarinette Boëhm néanmoins il faut éviter les trilles composés de deux notes diè_zées ou bémolisées lesquelles offrent toujours une certaine difficulté.

Le registre aigu est brillant, chaleureux, passionné, propre aux chants expressifs.

Les notes sur-aigües sont criardes et d'un emploi difficile.

27.__ **Mécanisme**__ Le mécanisme de la clarinette est favorable à la difficulté gammes diatoniques et chromatiques, arpéges, batteries, en sons liés ou déta_chés tout cela se fait assez facilement à condition cependant de ne pas armer la clé de plus de 3 ou 4 accidents ♭ ou ♯.

28.__ Les tonalités qui se rapprochent le plus d'ut majeur sont donc celles qu'il faut employer de préférence dans les solos.

29.__ La clarinette peut simuler le tremolo au moyen d'une succession rapide de sons détachés, mais cet effet si simple à exécuter sur les instruments à ar_chet, devient une difficulté sur la clarinette qui est un des rares instruments à vent qui puisse arriver, et même bien imparfaitement à simuler le tremolo.

Voici un exemple qui renferme quelques traits fort usités sur la clarinette:

2ᵉ CLARINETTE MI ♭.

30.__ La clarinette mi♭ est accordée à la tierce mineure supérieure.

Elle s'écrit toujours en clé de sol.

31.__ **Étendue**__ Son étendue écrite est la même que sur la clarinette en si♭.

32.__ **Timbre**__ La grande différence est dans le timbre de la petite clarinette mi♭, lequel est brillant, éclatant et quelquefois vulgaire.

33.__ **Mécanisme**__ Tout ce que nous avons dit du mécanisme de la clarinette si♭, s'applique également ici.

(1) Inventée par Streitwolf, ouvrier du facteur de flûtes Tost... jouée pour la première fois par franco-Tourista en 1834 devant MM. Auber, Carafa, Halévy, Meyerbeer.

CLARINETTE BASSE SI ♭.

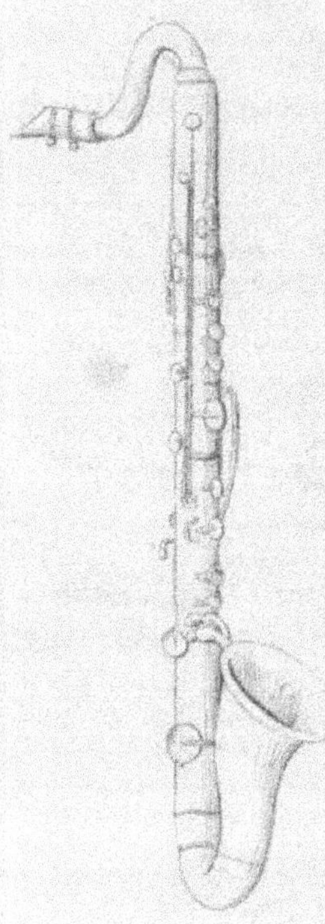

(1) Inventés par M. Adolphe Sax en 1846.

34.—Accordée à l'octave grave de la clarinette en si ♭.

Elle s'écrit toujours en clé de sol.

35.—**Étendue.**—L'étendue écrite est la même que pour la clarinette d'orchestre.

36.—**Timbre.**—Le timbre de la clarinette basse est sombre et majestueux dans le registre grave, les sons élevés peuvent être avantageusement remplacés par ceux de la clarinette ordinaire en mi ♭.

37.—**Mécanisme.**—Quoique le doigté soit le même que pour les autres variétés de la famille et que les traits puissent se faire ainsi que sur les autres clarinettes, la gravité de l'instrument commande une grande réserve dans l'emploi des traits brillants et difficiles.

L'exemple suivant tiré des Huguenots de Meyerbeer, donnera une idée du style dans lequel on doit écrire pour cet instrument.

38.—Il est regrettable que cet instrument ne soit pas adopté plus généralement dans les musiques d'harmonie, il y rendrait de grands services en servant d'intermédiaire entre les clarinettes si ♭ et la basse; et dans les solos il remplacerait avantageusement le saxophone.

SAXOPHONES. (1)

39.—Bien que construits en cuivre, les saxophones se rattachent par leur timbre à la famille des instruments en bois.

Les saxophones se jouent du reste par un bec à anche exactement semblable comme confection, à celui employé pour la clarinette, mais variant de grosseur suivant la dimension de l'instrument.

La famille complète se compose de:

1º Saxophone Soprano si ♭.

2º   d.º   Alto   mi ♭.

3º   d.º   Ténor   si ♭.

4º   d.º   Baryton   mi ♭.

On fait aussi des saxophones basse en si ♭ accordés à la double octave du soprano.

40.—Cette famille d'instruments est d'une grande utilité dans une musique d'harmonie ainsi que dans la fanfare. On peut dire sans exagération, qu'il serait difficile de nos jours de se dispenser des services immenses que rendent les saxophones dans les orchestres militaires.

SAXOPHONE SOPRANO SI♭.
(système Gomme)

41.— Étendue— de

Avec tous les intervalles chromatiques, les noires de l'exemple précédent ne doivent être employées que dans les solos et par mouvements conjoints, elles ne doivent autant que possible jamais être attaquées.

42.— Le saxophone soprano s'écrit sur la clé de sol 2ᵐᵉ ligne, il est à l'unisson de la clarinette si♭, il joue la note par conséquent un ton au dessous de la note écrite par rapport au la du diapason normal.

43.— Timbre— Son timbre se rapproche de celui de la clarinette, mais il est beaucoup plus aigre.

Il est assez rare de trouver un instrumentiste ayant une belle qualité de son sur cet instrument ingrat, cependant on l'emploie quelquefois avec succès en solo, mais généralement il fait des tenues ou il double les traits faits par les premières clarinettes.

44.— Mécanisme— Assez favorable à la difficulté, notes détachées et liées se font facilement dans le médium de l'instrument.

45.— On évitera les trilles suivants:

SAXOPHONE ALTO MI♭.

SAXOPHONE ALTO MI♭.
(système perfectionné)

46.— Étendue— Son étendue est la même que celle du saxophone soprano si♭ il est plus juste et plus facile à jouer que le précédent et les notes du haut sortent beaucoup mieux.

S'écrit sur la clé de sol 2ᵐᵉ ligne.

Il joue les notes une sixte majeure au dessous de la note écrite:

47.— Registre— Le registre aigu a une expression plaintive dont on peut tirer un grand parti dans le solo. Le médium est plus ample et le grave est puissant.

48.— Timbre— Le saxophone alto, est de toute la famille, celui qui possède le plus beau timbre, il se rapproche volontiers de la voix humaine; le son est doux et un peu couvert, mais généralement agréable.

49.— Mécanisme— Il fait facilement les difficultés, et il possède supérieurement la faculté d'enfler et de diminuer le son, les coulés et les détachés se font bien. Mais les sauts du grave à l'aigu et vice versa, deviennent très difficiles dans l'Allegro.

On évitera d'écrire pour cet instrument dans des tonalités chargées d'accidents.

Trilles, voir § 45.

M. Gomes vient de perfectionner le saxophone, en y adaptant de nouvelles clés, qui sans changer l'ancien doigté, facilitent l'exécution de ces fâcheux traits.

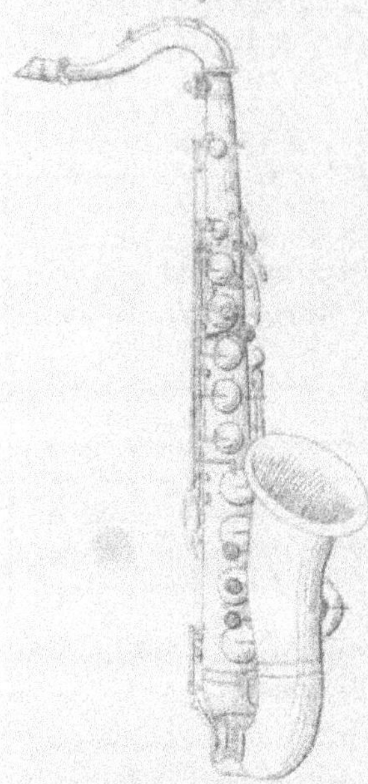

50.— Même étendue que le précédent, savoir : 

S'écrit également en clé de sol, bien que son registre semble devoir le faire écrire en clé de fa.

Il joue une neuvième majeure au dessous de la note écrite.

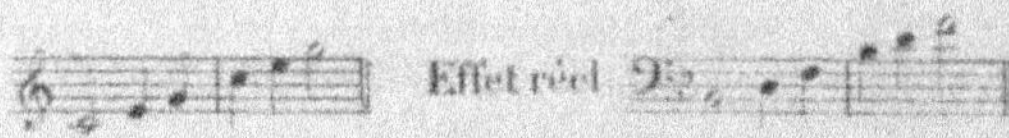

51.— **Timbre** — Cet instrument se rapproche du violoncelle par son timbre. Puissant dans le grave, rond et velouté dans le médium, nazillard à l'aigu.

52.— **Mécanisme** — Tout ce qui a été dit précédemment au sujet du mécanisme des saxophones, s'applique également à cet instrument; on devra cependant éviter une succession de sons détachés dans les mouvements vifs, ce qui du reste s'éloigne du caractère de l'instrument.

53.— Trilles voir §45.

Voici quelques traits fort usités sur cet instrument.

SAXOPHONE BARYTON ou BASSE MI♭.

54.— Cet instrument qu'une pratique bizarre, et conforme aux intentions de l'inventeur fait écrire en clé de sol, joue une 18ᵐᵉ au dessous de la note écrite.

55.— **Registre** — Puissant dans le grave, sans force et plaintif à l'aigu, cet instrument fait un très bel effet en solo.

56.— **Timbre** — Se rapprochant de la contre-basse à cordes, profond, solennel dans le grave et le médium.

57.— **Mécanisme** — Il fait moins facilement les traits que les précédents, le détaché surtout offre une certaine difficulté. Comme tous les saxophones il est difficile à jouer juste, le doigté étant le même que pour les autres, tout ce qui a été dit à cet égard s'applique ici.

58.— Trilles voir § 45.

FAMILLE DES INSTRUMENTS A ANCHES DOUBLES.

HAUTBOIS

59.— Le système Bœhm appliqué au hautbois n'a pas eu de succès jusqu'à ce jour parmi les artistes, cela vient de la mauvaise qualité du son occasionné par la perce de l'instrument qui est beaucoup plus large et par conséquent moins longue que celle du hautbois Triébert.

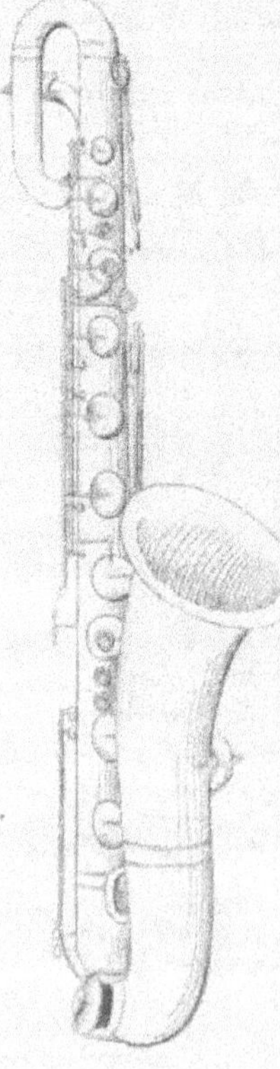

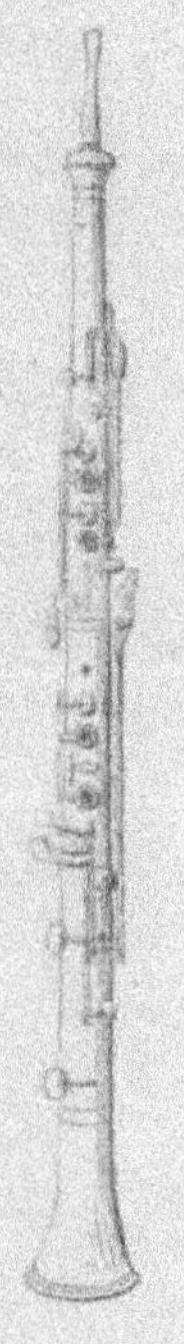

60. — Ce luthier artiste, qui n'est malheureusement plus aujourd'hui, a poussé jusqu'à la perfection la construction du hautbois.[1]

Aussi est-il universellement regretté de tous ceux qui ont pu apprécier les magnifiques résultats qu'il avait obtenus par son travail et le soin qu'il apportait dans la confection de ses instruments.

61. — **Étendue** — L'étendue des hautbois Triébert est comprise entre les deux notes suivantes[2] 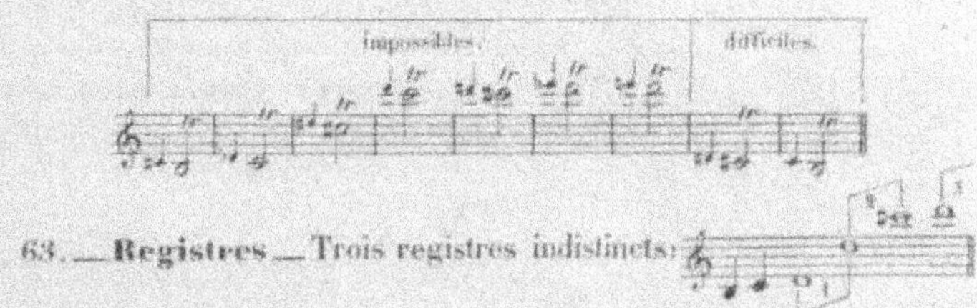 avec tous les intervalles chromatiques.

Les noires de l'exemple précédent sont difficiles à attaquer et ne s'emploient que dans les solos.

62. — Tous les trilles sont favorables mais on évitera les suivants:

63. — **Registres** — Trois registres indistincts:

Les notes du 1er registre présentent cependant une certaine rondeur de son, celles du registre aigu sont au contraire pointues et fines.

64. — **Timbre** — Le timbre du hautbois est mordant et incisif, on le distingue très nettement au milieu de l'ensemble des instruments, on ne doit donc lui donner que des parties bien chantantes.

C'est surtout un instrument de solo.

De tous les instruments à vent, c'est celui qui possède au plus haut degré la faculté d'augmenter et de diminuer le son.

65. — **Fonctions** — Les expressions naïves, champêtres, mélancoliques et tendres lui conviennent parfaitement, mais il est impuissant à rendre les accents de la colère, de la menace ou de l'héroïsme.

Cet instrument ne souffre pas la médiocrité surtout dans la qualité du son.

66. — **Mécanisme** — Le mécanisme est assez favorable à la difficulté, les notes détachées font beaucoup d'effet, mais sont d'une exécution difficile dans les mouvements rapides.

67. — Les tons de si♭, fa, ut, sol, ré, la et leurs relatifs mineurs, lui conviennent parfaitement.

L'exemple suivant fera connaitre le genre de difficultés que l'on peut écrire pour le hautbois.

(Vogt. 5.e Concerto)

---

[1] L'origine du hautbois se perd dans la nuit des temps; vers la fin du 16ème siècle, c'était un instrument grossier d'un son dur et compac qui n'avait que 8 trous sans clé. Les Besozzi, qui se rendirent célèbres sur cet instrument s'attachèrent à le perfectionner.
Un luthier de Paris nommé De Lusse, y ajouta une clé vers 1780.

[2] Quelques hautbois descendent jusqu'au si♭, mais c'est un peu au détriment des notes aiguës.

68.— Accordé à la quinte du hautbois s'écrit en clé de sol.

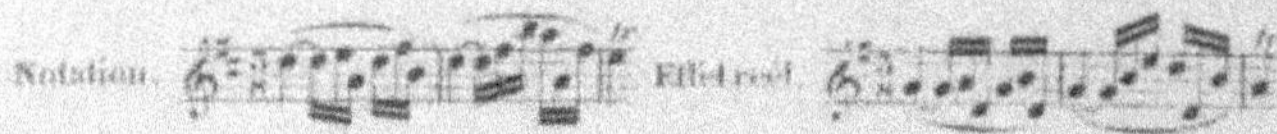

69.— **Étendue et Mécanisme**— Identiques à ceux du hautbois.

70.— **Timbre**— Moins éclatant et analogue à celui du hautbois, mais mystérieux et empreint d'une vague tristesse.

71.—**Fonctions**— Cet instrument s'emploie dans les morceaux d'un caractère pathétique et religieux. Halevy dans la Juive a écrit un duo de cors anglais (*Rachel quand du Seigneur*)

Le cor anglais doublé à l'octave par un hautbois est d'un effet des plus originaux.

Peu usité dans la musique d'harmonie.

BASSON en UT.

(1) Le basson fut inventé en 1539 par un chanoine de Paris nommé Afranio. Les Italiens appelèrent ce nouvel instrument Fagotto par ce qu'il est formé de plusieurs pièces de bois, réunies en faisceau.

72.— S'écrit en clé de fa 4me ligne, clé d'ut 4me ligne et quelque-fois clé de sol 2me ligne.

73.— **Étendue**— Son étendue est comprise entre:

Avec tous les intervalles chromatiques. Son timbre est puissant et fantastique dans les notes graves; plaintif dans les notes aiguës.

74.— **Mécanisme**— Favorable à la difficulté dans les tons de: ré sol, ut, fa, si♭, mi♭, la et leurs relatifs mineurs.

Les mouvements disjoints se font facilement, et sont fréquemment employés dans la musique écrite pour cet instrument.

75.— Dans les musiques d'harmonie les bassons remplissent le rôle que jouent les violoncelles dans l'orchestre à cordes.

L'ordonnance de 1869 les supprima dans les musiques militaires en les remplaçant par la famille des saxophones.

76.— Au moyen des derniers perfectionnements apportés à cet instrument par M. Jeancourt professeur au Conservatoire, tous les trilles sont possibles. On évitera cependant dans les solos ceux de l'exemple suivant:

Exemple de quelques traits praticables sur le basson.

2.ᵉᵐᵉ GROUPE.

INSTRUMENTS DE CUIVRE.

77.— Nous savons déjà que plus un tube est long, plus le son fondamental (que l'on peut tirer de ce tube au moyen d'une embouchure quelconque) est grave, et vice versa.

78.— De plus, ce tube est apte à produire, quand on active progressivement la colonne d'air qui pénètre par l'embouchure, les sons obtenus par la division d'une corde ou d'un tuyau par moitié, tiers, quart, etc. En admettant que le son fondamental de ce tube soit ut, nous obtiendrons:

On pourrait aller plus loin que le 16ᵐᵉ au moyen d'une pression plus forte, mais cette note est à peu près la limite que la pression des lèvres peut obtenir.

79.— Les notes écrites en noires ne sont pas parfaitement justes, le si♭ et le la sont trop bas et le fa un peu haut.

80.— Si donc nous modifions la longueur de ce tube, nous obtiendrons une autre fondamentale, et par conséquent une nouvelle échelle semblable à la première mais transposée d'après la nouvelle fondamentale.

81.— On a donc imaginé les tons de rechange, c'est-à-dire des morceaux de tube de même diamètre que celui de l'instrument et s'y emboîtant par une extrémité, de manière à allonger plus ou moins le tube primitif.

82.— Le cor, la trompette et les cornets ont conservé ce moyen malgré l'adjonction des pistons.

83.— Un second moyen a été mis en pratique sur le trombone, la *coulisse*.

La *coulisse* est un second tube glissant dans le corps principal de l'instrument, et qui permet sans que la colonne d'air puisse se faire jour, d'allonger ou de raccourcir aussi vivement qu'il est nécessaire le tube de l'instrument.

84.— Enfin les pistons (ou cylindres) dont l'invention simultanée est due à MM. Bluhmel de Silésie et Stozel de Saxe, ont été imaginés afin de supprimer les corps de rechange pour l'usage desquels il faut forcément un temps d'arrêt, et surtout pour remédier à l'infériorité relative des sons bouchés.[1]

85.— Le premier essai tenté par imitation en France en 1828, porta d'abord sur 2 pistons, puis sur 3 et sur 4[2] ce qui donne la série chromatique complète entre les notes extrêmes de l'étendue de l'instrument.

86.— **Mécanisme**.— Le mécanisme des pistons ainsi que celui de la coulisse du trombone, a pour but de modifier la longueur du tube de l'instrument, nous allons donc exposer ici une fois pour toutes ce mécanisme, le système des pistons étant le même pour tous les instruments de cuivre.

87.— Si donc nous ajoutons un piston à un cornet simple dont l'échelle naturelle est 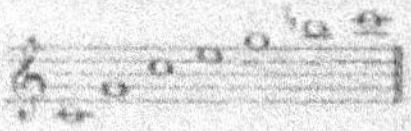 ce premier piston allongera le corps principal et transposera par exemple un demi-ton plus bas que l'échelle naturelle ce qui donnera: P¹

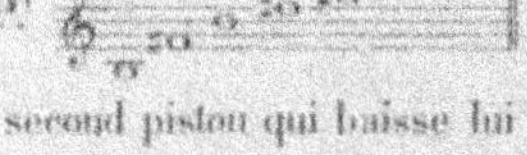

88.— Si nous ajoutons un second piston qui baisse lui seul l'échelle naturelle d'un ton nous obtiendrons: P²

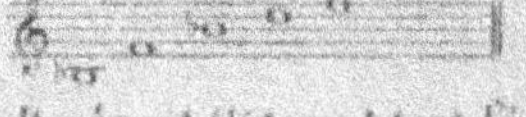

En employant les deux pistons simultanément (½ ton + 1 ton) l'échelle se trouvera baissée d'une tierce mineure: P¹+P²

Or, si nous réunissons ces trois exemples, en les disposant chromatiquement,

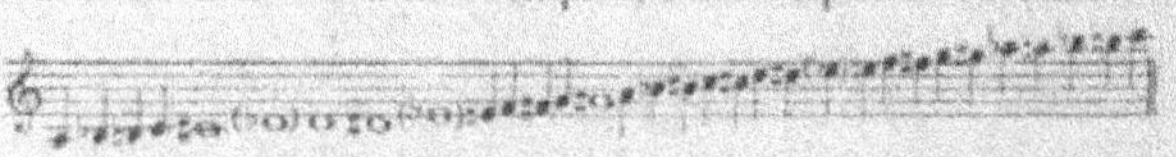

nous remarquerons que les notes écrites en rondes dans l'exemple précédent n'existent pas dans un instrument à 2 pistons.

89.— Pour obvier à cet inconvénient, on en a donc ajouté un troisième, lequel baisse l'échelle naturelle d'une tierce mineure ainsi que le fait la réunion des deux premiers. P³

[1] Ces sons sont obtenus en introduisant la main dans le pavillon de l'instrument ce qui altère forcément le son donné, et lui donne un timbre voilé, que les maîtres emploient souvent avec succès.

[2] M. Sax a construit depuis des instruments à 6 pistons, qui quoique diminuant leurs avantages comme justesse et facilité d'exécution n'ont pas été adoptés par les artistes.

En conséquence, si nous joignons ce troisième piston au 1er (1 ton $\frac{1}{2}$ + $\frac{1}{2}$ ton,

l'échelle sera baissée d'une tierce majeure $P^3 P^1$

En combinant $P^2 + P^3$ (1 ton + 1 ton $\frac{1}{2}$),
nous obtiendrons une quarte juste $P^2 + P^3$

Enfin les trois pistons réunis, $P^1 + P^2 + P^3$ ($\frac{1}{2}$ ton + 1 ton + 1 ton $\frac{1}{2}$) abaissent

l'échelle naturelle d'une quinte diminuée $P^1 + P^2 + P^3$

90. — Si nous rémissons tous ces exemples, nous reconnaîtrons que les la_cunes observées avec 2 pistons n'existent plus, et qu'au moyen des 3 pistons l'échelle chromatique est complète, on a cependant ajouté un 4me piston. Ce 4me piston destiné sur les gros instruments à compléter l'échelle chromatique du registre grave, depuis ![] n'a d'autre fonction, dans les petits ins_truments, que de faciliter la transposition, les trilles et les notes d'agrément.

91. — Mais, si l'emploi des pistons (ou cylindres) est un grand progrès par rapport aux tons de rechange, ils ont aussi leur inconvénient, car les notes produites au moyen d'un piston, ont un timbre moins franc que celles de l'é_chelle naturelle, et plus le nombre des pistons augmente, et moins les sons sont éclatants, c'est ce qui a déterminé les artistes à conserver, dans une cer_taine limite, l'usage des tons de rechange, de manière à jouer dans des to_nalités peu chargées d'accidents. De plus, il est difficile de reproduire avec célérité plusieurs sons qui demandent l'emploi exclusif des pistons, et nous savons déjà que la qualité du son en est altérée.

CORNET A PISTONS[1]

92. — Cet instrument est le premier auquel on ait appliqué le mécanisme des pistons. De nos jours tous les cornets sont construits avec 3 et même 4 pistons.
Voici l'échelle chromatique du cornet à 3 pistons.

93. — Cet instrument possède des tons de rechange.
Les plus usités sont ceux de si♭ _ la ♮ _ plus rarement ceux de la ♭ et sol.

Les autres tons de rechange des cornets à pistons sont: fa _ mi ♭ _ ré _ et ut le plus aigu de tous.
Tous les quatre sont inusités de nos jours.

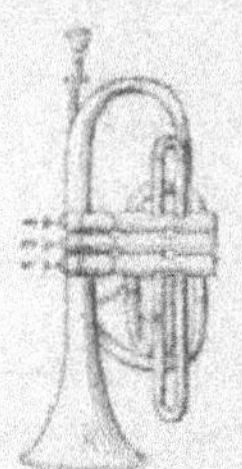

94. __ **Timbre** __ Le timbre du cornet est sonore, un peu pâteux et moins pur que celui du cornet simple, conséquence de sa constitution.

95. __ **Mécanisme** __ Son mécanisme est favorable à la difficulté, les traits, les notes répétées en coups de langue simples ou doubles, les trilles, tout cela se fait facilement, à la condition de ne mettre à la clé plus d'un dièze, mais on peut aller jusqu'à 3 bémols.

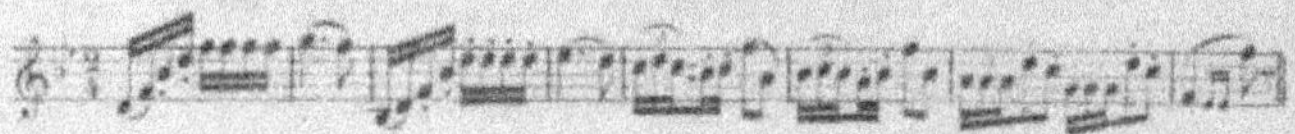

96. __ Les sons du cornet prennent un caractère différent suivant le genre de musique que cet instrument est appelé à interpréter et suivant le ton de rechange dont il est pourvu.

97. __ Les tons de sol, fa, mi♭ par exemple dénaturent complètement le timbre du cornet, et lui donnent celui du trombone à pistons, c'est cette cause qui a fait abandonner la plupart des tons de rechange.

98. __ Le cornet, agent principal de sa famille, remplit un rôle toujours important dans l'harmonie et la fanfare.

Son exécution ne souffre pas la médiocrité, surtout dans les solos.

99. __ Dans les chants larges et expressifs il produit toujours beaucoup d'effet, mais il a une tendance prononcée à la trivialité dans les phrases gaies.

Cet instrument s'écrit toujours en clé de sol.

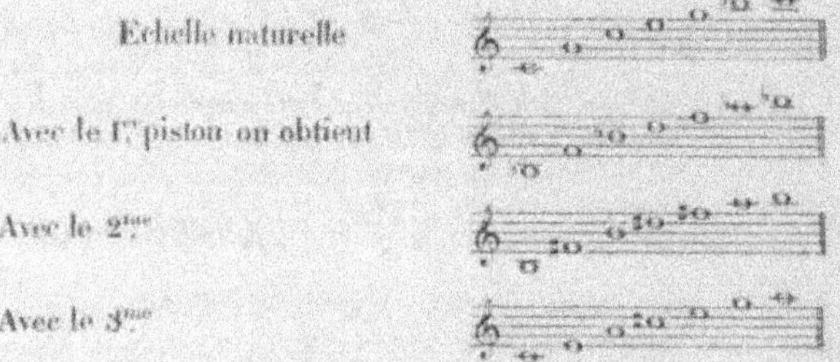

100. __ Nous allons donner ici, une fois pour toutes, les trilles praticables et impraticables sur les instruments à 3 pistons.

COR A PISTONS [1]

101. __ Bien que cet instrument soit supprimé dans les musiques militaires (ce qui est fort regrettable car il est impossible de le bien remplacer par aucun de ceux dont on dispose dans une harmonie) nous allons donner quelques indications sur son mécanisme et son emploi.

102. — Le cor à 3 pistons peut, sans faire usage des sons bouchés, pro_
duire tous les intervalles chromatiques, dans toute son étendue.

103. — On emploie peu les tons de rechange, sauf ceux de fa, mi ♮ et
mi ♭. pour les notes du registre grave on emploiera de préférence les
les tons aigus et vice versa. En effet, les notes aigües sont plus ai_
sées à produire avec les tons graves, tandis qu'au contraire les notes
graves sortent plus facilement dans les tons élevés.

(1) Le cor s'écrit en clé de sol ou
en clé de fa, avec cette bizarrerie
établie par l'usage que la clé de
sol est considérée comme étant
plus grave d'une octave qu'elle ne
l'est réellement.

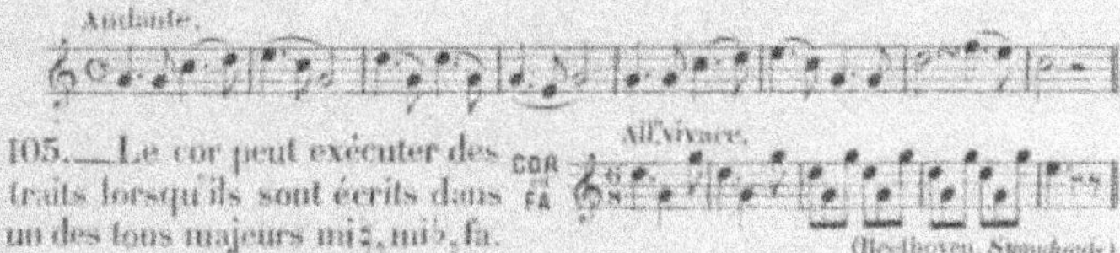

104. — Les sons du cor ont un timbre noble doux et pénétrant qui cap_
tive l'attention de l'auditeur et donne un charme poëtique à une mélodie
simple et expressive.

105. — Le cor peut exécuter des traits lorsqu'ils sont écrits dans
un des tons majeurs mi♮, mi♭, fa.

Cependant son caractère ne s'y prête pas.

106. — Tous les trilles peuvent se faire au moyen des pistons, on évi_
tera cependant ceux compris entre deux notes accidentées (§ 100)

TROMPETTE A PISTONS [1]

(1) Les trompettes perfectionnées
furent apportées d'Allemagne par
les deux frères Braun vers 1770.

107. — S'écrit toujours en clé de sol.

La trompette forme la continuation de l'échelle du cor à l'aigu, car
la plupart de ses sons sont accordés à l'octave supérieure de ceux
du cor.

108.—Voici son étendue:

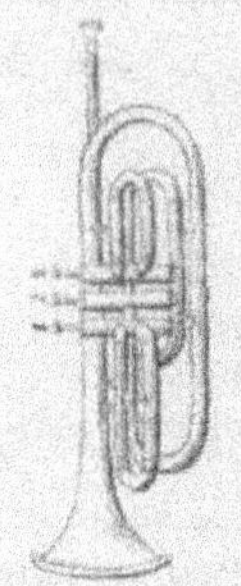

Ainsi que pour le cor, il faut retrancher de cette échelle les sons les plus élevés dans les tons aigus, ainsi que les dernières notes graves.

109.—Cet instrument a des tons de rechange. Les plus usités, et les seuls que l'on devrait se borner à employer, sont ceux de ré, mi♭, mi♮, et fa, dont la sonorité est la meilleure.

110.—**Timbre**.—Le timbre de cet instrument quoique moins clair et moins argentin que celui de la trompette ordinaire (c'est-à-dire sans pistons) est puissant et incisif et propre aux fanfares guerrières. Dans les *piano*, on l'emploie avec succès dans les phrases larges et chantantes à condition de ne point sortir du médium.

111.—Le double coup de langue se fait parfaitement sur cet instrument. Les passages en notes liées sont peu usités et d'un médiocre effet.

Trilles (§ 100)

TROMBONE A COULISSE TÉNOR[1]

112.—Le trombone est le seul instrument de cuivre pour lequel on écrit invariablement dans la tonalité réelle. L'échelle naturelle se produit la coulisse complètement fermée; c'est ce que l'on appelle la 1ère position.

La fondamentale est si♭

La 2e position donne les notes suivantes

La 3e. La 4e.

La 5e. La 6e.

La 7e.

On obtient aussi des notes pédales dont M. Berlioz s'est servi avec succès dans sa Messe de Requiem.

113.—Étendue générale:

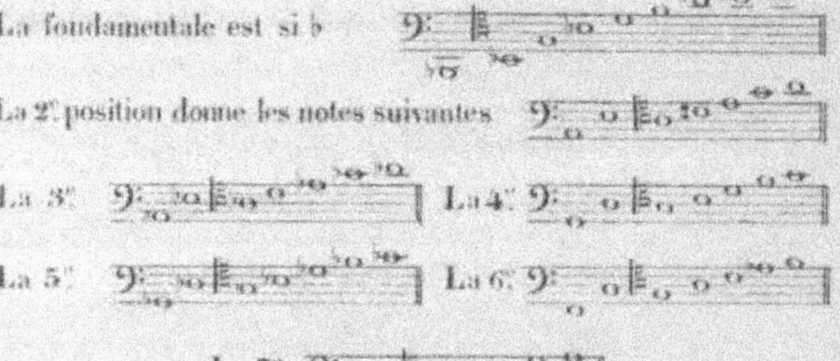

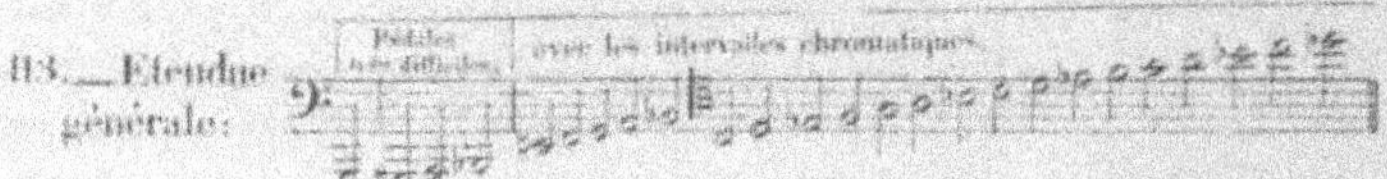

Pour éviter le trop grand nombre de lignes supplémentaires on écrit généralement les notes aiguës du trombone en clé d'ut 4e ligne.

114.—**Timbre**.—Son timbre est puissant dans le forte et religieux solennel dans le piano.

115.—Le coulé se fait difficilement lorsque l'on change de position, de plus des traits aux apparences faciles peuvent souvent dans les mouvements rapides, présenter d'assez grandes difficultés.

En voici un exemple[1]

très difficile.

[1] Nous ne nous occuperons que du trombone ténor qui est seul connu en France. Les trombones alto et basse ne diffèrent du précédent que par l'étendue et la tonalité.

TROMBONE ALTO.
Accordé à la 4e aiguë du trombone ténor.
ÉTENDUE
avec tous les intervalles chromatiques.

TROMBONE BASSE.
Accordé à la 5e grave du trombone ténor.
ÉTENDUE
avec tous les intervalles chromatiques.

[1] Les chiffres représentent les positions.

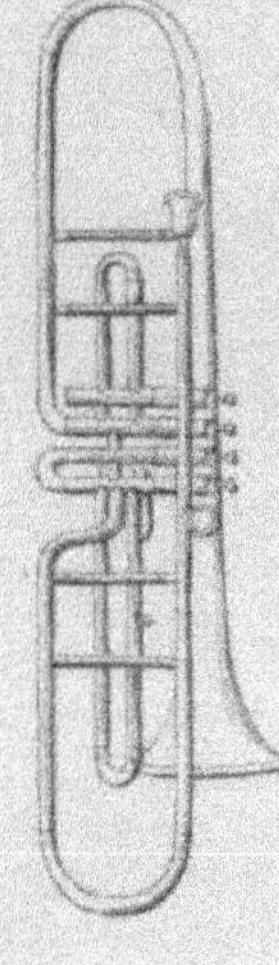

Le besoin de changer de position à chaque note et surtout le coulé ex_
pliquent la difficulté de l'exemple précédent.

116. — Voici le tableau des notes qu'il ne faut pas alterner respectivement
à moins de les détacher très lentement.

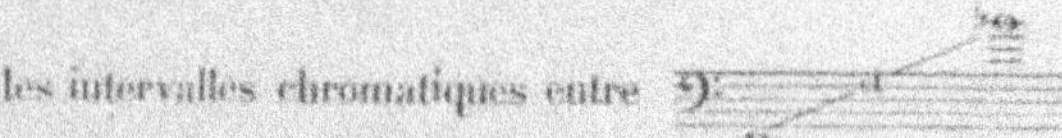

(Les chiffres indiquent les positions). La coulisse s'écartant de plus en plus
de sa position naturelle (1re position) en suivant l'ordre numérique 1,2,3,4,5,
6,7, on comprendra que plus les positions sont éloignées l'une de l'autre
plus le mouvement du bras qui dirige la coulisse sera grand et plus la dif_
ficulté augmentera.

117. — Les trilles sont peu usités sur le trombone à coulisse, en voici quel_
ques uns qui sont praticables.

Ces trilles peuvent se faire majeurs et mineurs, mais les trilles majeurs
sont les plus faciles et les meilleurs.

118. — Le trombone[1] convient à l'expression solennelle dans les morceaux
religieux, les marches triomphales et les chants guerriers, il produit un
grand effet.

(1) C'est Gluck qui le premier a introduit les trombones dans l'orchestre
de l'Opéra.

TROMBONE A PISTONS (4 pistons)

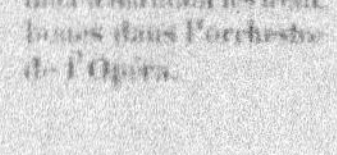

119. — Ce trombone a la même étendue que le trombone à coulisse avec tous
les intervalles chromatiques entre

120. — **Timbre** — Le timbre de cet instrument est moins franc que celui du
trombone simple, mais il gagne en facilité de mécanisme ce qu'il perd en qua_
lité du son.

Ainsi les exemples difficiles précédents pour le trombone à coulisse de_
viennent très simples au moyen des pistons.

121. — Les coulés, si difficiles à obtenir dans les changements de position,
s'obtiennent assez aisément sur le trombone à pistons.

122. — Ce trombone est toujours en ut, c'est-à-dire qu'il exécute la note dans
le diapason réel.

On construit cependant de nos jours des trombones en si ♭ à l'usage des
fanfares et harmonies.

Cette modification a pour but de supprimer les accidents (♭) qui sont tou_
jours en assez grand nombre pour les trombones en ut, les instruments com_
posant harmonies et fanfares étant en si ♭, — mi ♭, — ré ♭, etc.

123. — Au moyen des pistons, tous les trilles sont faisables, on évitera cependant
ceux du registre grave et ceux compris entre deux notes accidentées.

PETIT SAXHORN SOPRANO MI♭.
(ou PETIT BUGLE)

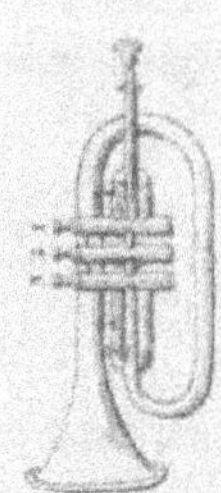

124.__Étendue

Cet instrument est le plus aigu de la série.

L'effet réel se produit une tierce mineure au dessus de la note écrite.

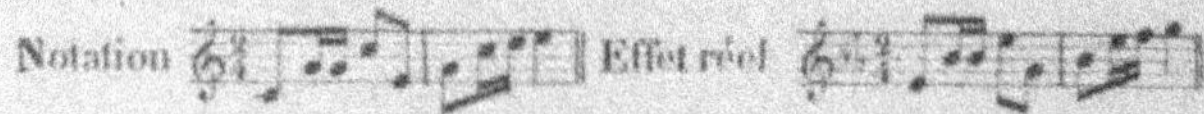

125.__Il est d'une grande utilité surtout dans les fanfares pour exécuter les notes élevées où ne peuvent atteindre les saxhorns si♭ ou les cornets.

126.__Il fait facilement la difficulté, à condition de ne pas charger par trop d'accidents la tonalité dans laquelle il joue. Les tons de sol, ut, fa, si♭, mi♭, lui conviennent parfaitement ainsi que leurs relatifs mineurs.

127.__Il fait difficilement les piano à cause de la grande pression de la colonne d'air qu'il faut fournir pour faire sortir les notes, il est par con_séquent très fatigant à jouer pour l'exécutant à qui les les lèvres font souvent défaut.

Trilles voir § 45.

SAXHORN CONTRALTO SI♭ (BUGLE)

SAXHORN CONTRALTO SI♭.
(ou BUGLE)

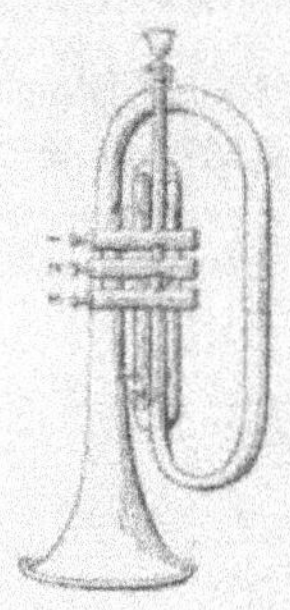

L'effet se produit une 2ᵐᵉ majeure au dessous de la note écrite.

129.__**Timbre**__Le timbre de cet instrument est à la fois puissant et moëlleux il est de beaucoup préférable à celui du cornet.

Joué par un artiste cet instrument fait un excellent effet dans un solo surtout dans les phrases mélodiques d'une allure large et vigoureuse.

130.__Les traits difficiles et qui demandent de la légèreté sont moins brillants sur cet instrument que sur le cornet et ils offrent plus de dif_ficultés pour l'exécutant, le bugle étant très fatigant à jouer (§ 126)

Sans le secours des pistons on obtient:

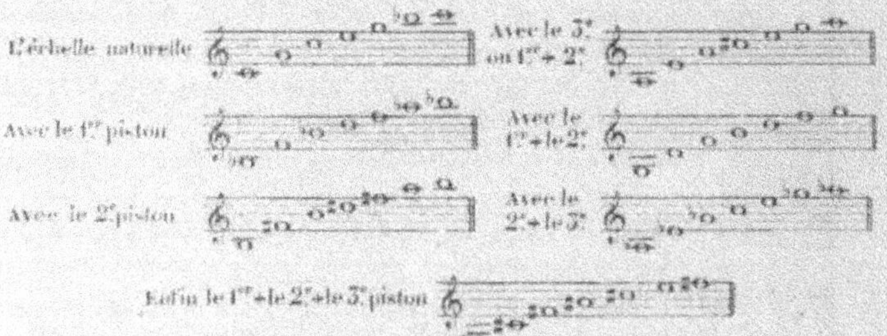

Il en est de même pour tous les instruments à 3 pistons.

131.__Le saxhorn si♭, ainsi que les cornets, servent à faire ressortir dans les fortes le trait, en doublant généralement à l'octave basse les clarinettes, qui sans ce secours, se trouveraient écrasées par la masse d'accompagnement.

Dans la fanfare, son rôle est encore plus important, il est l'instrument chantant par excellence de ce genre de musique.

Trilles § 45.

SAXHORN ALTO MI ♭.

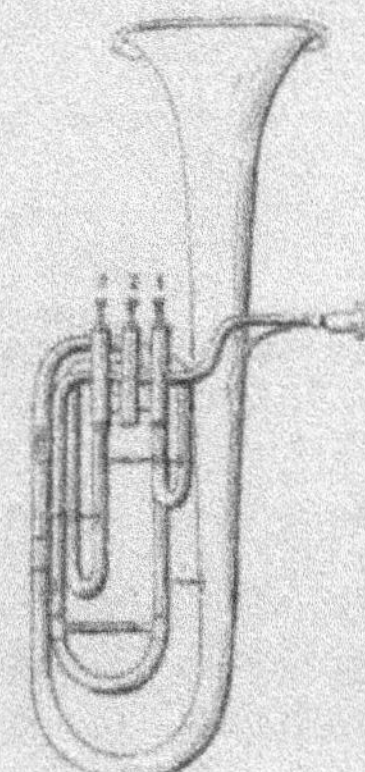

132. — Étendue

133. — Cet instrument est le moins bien réussi de toute la famille, son timbre rappelle un peu celui du cor d'harmonie dont il n'a ni la puis- sance ni la qualité du son; malgré cela depuis la suppression des cors dans les musiques militaires françaises, on se sert du saxhorn alto mi ♭ pour les remplacer dans le registre aigu.

134. — Employé en solo, cet instrument est d'un effet assez terne.

Il est accordé à la quinte grave du saxhorn ou bugle en si ♭, et à l'octave au dessous du petit saxhorn mi ♭.

135. — L'effet réel des notes exécutées par cet instrument se produit à la sixte majeure au dessous de la note écrite.

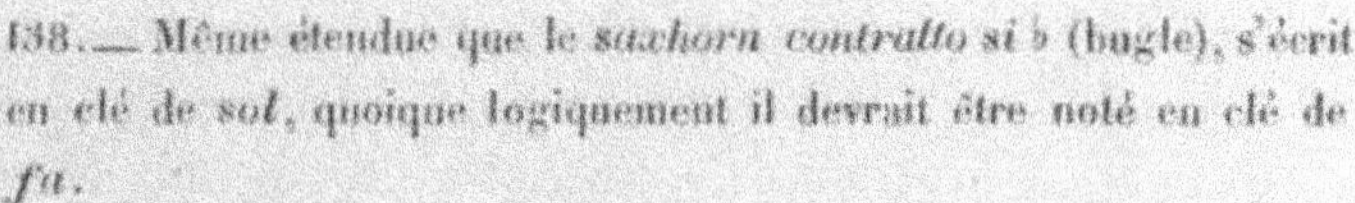

136. — Le saxhorn alto mi ♭, est essentiellement un instrument d'accom- pagnement et n'est guère employé que comme tel, à quelques excep- tions près, que nous étudierons dans la troisième partie de cet ouvrage.

137. — Les traits détachés se font facilement sur cet instrument, qui est le plus doux à jouer des instruments de cuivre. Le double coup de langue se fait très facilement. (§ 126)

Trilles § 45.

SAXHORN BARYTON SI ♭ (3 pistons)

SAXHORN BARYTON SI ♭.

138. — Même étendue que le *saxhorn contralto* si ♭ (bugle), s'écrit en clé de *sol*, quoique logiquement il devrait être noté en clé de *fa*.

139. — Son timbre mâle et rond, sa puissance dans les forte et son moel- leux dans les piano, le rendent propre aux solos, aussi est-il fort em- ployé dans l'harmonie comme dans la fanfare.

Les trilles s'exécutent assez facilement surtout dans le registre moyen et aigu (§ 45)

Il exécute la note écrite une neuvième majeure au dessous.

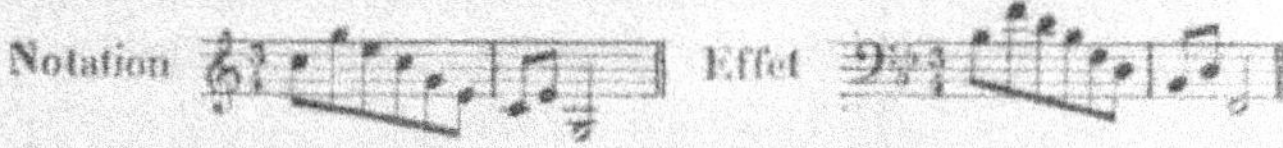

140. — Les traits brillants se font bien sur cet instrument. Néanmoins une mélodie soutenue lui convient mieux (§ 126). Il est aussi fort em- ployé pour remplacer les cors dans les tons graves.

141. — Cet instrument s'écrit en clé de fa 4.ème ligne. L'effet réel se produit à la 2.e majeure au dessous de la note écrite.

Notation   Effet 

(1) Bien que cet instrument descende jusqu'au *do*, on fera bien de ne pas dépasser le *fa*, si l'on désire obtenir de la puissance.

142. — Étendue 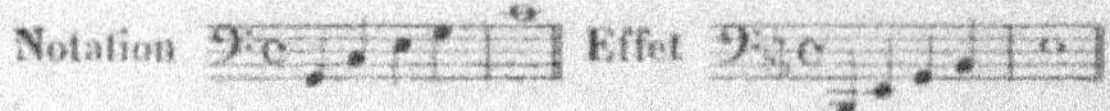

SAXHORN BASSE SI ♭.

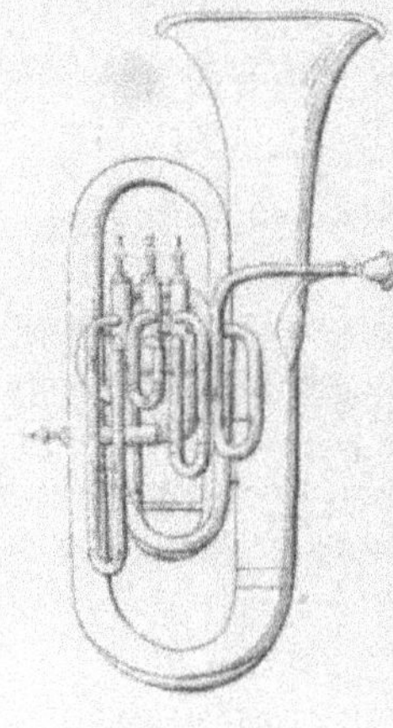

143. — Employé en solo cet instrument fait le meilleur effet, il a beaucoup plus de puissance que le saxhorn baryton et son étendue est plus grande, son timbre à la fois puissant et moëlleux est susceptible de nuancer parfaitement la mélodie qui doit être d'un style large.

On fait cependant la difficulté sur cet instrument, des variations et même des coups de langue. Mais cette manière de faire qui peut passer pour un tour de force n'est pas moins une faute de style et de goût. C'est absolument comme si l'on faisait chanter au théâtre par une voix de basse le rôle de Rosine, dans le Barbier de Séville. (§ 126)

144. — Tous les trilles sont à peu près faisables, on évitera cependant ceux placés entre deux notes accidentées et surtout dans le registre grave.

SAXHORN CONTREBASSE MI ♭.

145. — Son étendue est la même que celle du saxhorn baryton si ♭.

146. — Cet instrument accordé une quinte au dessous du saxhorn basse si ♭, exécute les notes une sixte majeure au dessous de la note écrite.

Notation   Effet

SAXHORN CONTREBASSE MI ♭.

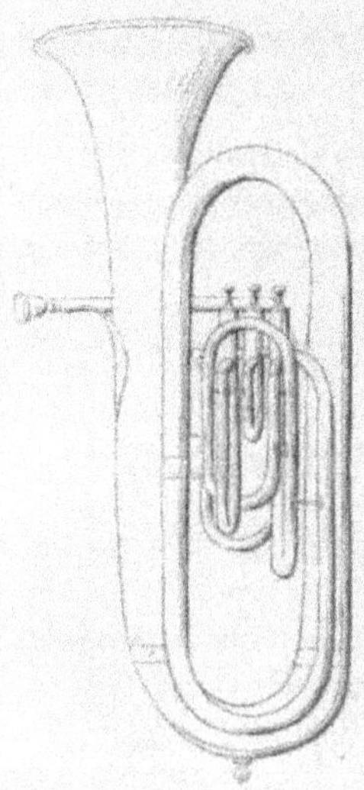

147. — Il est presque impossible de l'employer en solo à cause du grand volume d'air qu'il faut fournir pour tenir un son sur cet instrument, mais doublé par les basses si ♭ il est susceptible d'exécuter ces grands traits qui produisent tant d'effet dans les *tutti* de l'harmonie militaire.

Sauf ce cas il sert donc exclusivement à frapper la note de basse et il joue le rôle dans la musique d'harmonie et fanfare de la contrebasse à cordes dans l'orchestre. (On fait aussi des contrebasses en fa)

148.__Son étendue est la même que celle du saxhorn contrebasse mi ♭.

149.__Cet instrument correspond aux 16 pieds des grandes orgues.

C'est le plus grave des instruments de cuivre il est accordé à l'octave basse du *saxhorn basse si ♭*.

Il joue les notes une 9.ème majeure au dessous de la note é_crite.

150.__Pour le même motif que précédemment on ne donne pas de solos à cet instrument, cependant M.r Sellenick dans un de ses arrangements sur les Huguenots, a mis un solo pour cet instru_ment mais dans ce cas il faut un artiste spécial pour exécuter de pareils tours de force. Malgré cela la chose n'a rien d'agré_able pour l'oreille, cela étonne mais ne charme pas.

3.ème GROUPE.

INSTRUMENTS DE PERCUSSION.

151.__On donne ce nom aux instruments que l'on frappe au moyen d'un corps quelconque, ce sont:

Les Timbales __ Le Tambour __ Le Triangle __ Cloche __ Grosse Caisse etc.

152.__Les timbales[1] sont des bassins de cuivre recouverts d'une peau que l'on tend au moyen de vis placées tout autour du cercle qui maintient la peau sur les bassins.

Ces vis ont pour but de donner aux peaux différents degrés de tension ce qui produit des sons plus ou moins graves.

153.__Les timbales sont d'inégale grandeur la plus petite sert aux sons aigus compris entre [notation] et la plus grande aux sons graves suivants [notation] avec tous les intervalles chro_matiques.

154.__Comme ces différents sons ne peuvent se produire que par une modification de l'accord, il faut pour changer de notes, laisser un temps d'arrêt d'une dizaine de mesures au moins, pour per_mettre à l'exécutant d'accorder ses timbales.

155.—On possède donc deux notes à sa disposition, on prend généralement la tonique et la dominante du morceau en ayant soin d'indiquer en tête ces deux notes.   Ex: TIMBALES en SI et FA♯

156.—On peut aussi accorder les timbales en quinte diminuée, augmentée et enfin dans tous les intervalles praticables sur ces instruments, suivant la fantaisie du compositeur. Ainsi Wéber dans l'ouverture de Robin des Bois, a fait accorder les timbales en *ut* et *la*♮ et Beethoven dans sa 8ᵉ. Symphonie en octave.   Ex:

157.— Les timbales peuvent exécuter tous les rythmes possibles dans n'importe quel mouvement.

TIMBALES en LA-RÉ

158.—Trois sortes de baguettes sont en usage pour *blouser* les timbales.
 1° Les baguettes à tête de bois, produisant un son dur et sec, propre dans les *forte* à frapper un coup violent.
 2° Les baguettes à tête de bois recouvertes d'une peau.— Elles pro_duisent un son moins dur que les précédentes, mais il sera prudent de ne les employer que dans le *forte* à cause de la sécheresse du son émis.
 3° Les baguettes à tête d'éponge, sont préférables à tous les points de vue. Elles donnent aux timbales un timbre voilé, sourd, qui permet de dis_tinguer très nettement les sons produits. De plus les nuances *pianissimo* ou *forte* sont parfaitement rendues par ces baguettes, qui par l'élasticité de l'éponge facilite l'exécution des roulements dans le *pianissimo*.

Tous les sentiments sont exprimables sur les timbales, Beethoven dans ses symphonies en a tiré un merveilleux parti.

159.—Mˡ. Berlioz dans son *Requiem* a employé six paires de timbales qui jointes à des fanfares de trompettes et trombones produisent un effet grandiose et terrifiant tout à la fois.

TAMBOUR ou CAISSE CLAIRE.

CAISSE CLAIRE.

160.—Cylindre en cuivre ou en bois, recouvert à chaque extremité d'une peau tendue au moyen de cordes ou de tringles à vis.

Cet instrument ne produit que des articulations rythmiques *ra—fla* et *roulement*. On l'écrit généralement en clé de sol.

Notation 

161.—La **CAISSE ROULANTE** diffère de la caisse claire en ce que la corde à boyau qui vibre sur la peau de timbre (peau opposée à celle que l'on frappe) y est supprimée. Il en résulte un son mat et sourd propre à rem_placer les timbales dans l'harmonie militaire.

GROSSE CAISSE.

GROSSE CAISSE.

162.—Fort utile dans l'harmonie militaire, en ce qu'elle transmet au loin le rythme de la mesure si nécessaire à la marche cadencée. Elle fut in_troduite pour la première fois à l'orchestre par Spontini dans la marche triomphale de la Vestale. Depuis on en a fait un grand abus dans les com_positions modernes. Mais, employée avec discernement elle est d'un ex_cellent effet dans les grands *forte* jointe aux cymbales elle augmente alors considérablement le volume des sons, et donne à l'orchestre une puissance formidable.

On s'en sert également pour produire des effets d'imitation tels que : le bruit du canon, du tonnerre, etc.

Les coups secs s'obtiennent en arrêtant immédiatement avec la main la vi_bration de la membrane.

Le *tremolo* s'obtient en tenant le manche de la mailloche par le milieu et en l'agitant rapidement.

CYMBALES

CYMBALES.

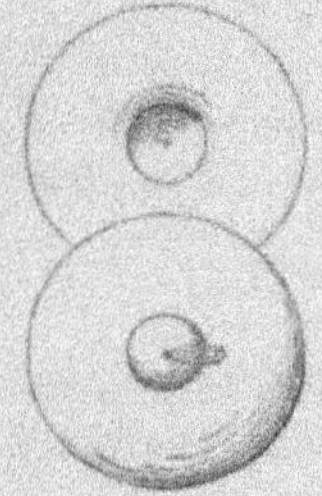

163.—Les cymbales sont presque toujours accompagnées par la grosse caisse, on les emploie cependant seules et avec succès.

Elles ont la propriété de se faire entendre distinctement dans les plus grands *forte*.

La vibration des cymbales pouvant se prolonger un certain temps, il est utile d'indiquer bien exactement la durée que l'on désire obtenir.

TRIANGLE.

TRIANGLE.

164.—Verge métallique en forme de triangle, et que l'on frappe au moyen d'une tige de fer.

Tous les rythmes sont exécutables sur le triangle.

Dans un morceau gai et brillant, le triangle fait toujours bon effet, mais on ne devra pas en abuser.

TAMBOUR BASQUE.

165.—Fort en usage dans les pays méridionaux de l'Europe, cet instrument peut produire un certain effet employé par masses, seul il manque de puis_sance, on peut cependant s'en servir dans le *piano*.

TAMBOUR BASQUE. On peut produire plusieurs effets, suivant la manière de s'en servir.

1.° Le *murmure*, obtenu par le frottement du pouce sur la peau il en ré_sulte un roulement entrecoupé accompagné du bruit des grelots qui en_tourent le cercle en bois.

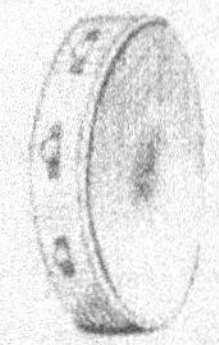

Notation 

2.° Le *murmure* avec *batterie* obtenu également par le frottement du pou_ce sur la peau, mais en faisant sentir les temps forts de la mesure au moy_en des autres doigts. Notation 

3.° Le *roulement* obtenu en frappant la peau avec les angles formés par les doigts successivement pliés. Notation

4.° La *basse* obtenue par les zigs-zags du pouce. Notation

5.° Le *piqué* qu'on obtient en frappant  la membrane avec l'angle d'un doigt. Notation

CASTAGNETTES.

CASTAGNETTES.

166.—Les castagnettes sont formées de deux plaques de bois évidées d'un côté, et que l'on frappe l'une contre l'autre au moyen d'un manche. Cet ins_trument est susceptible d'exécuter nombreux rythmes, dont voici un des plus usités :

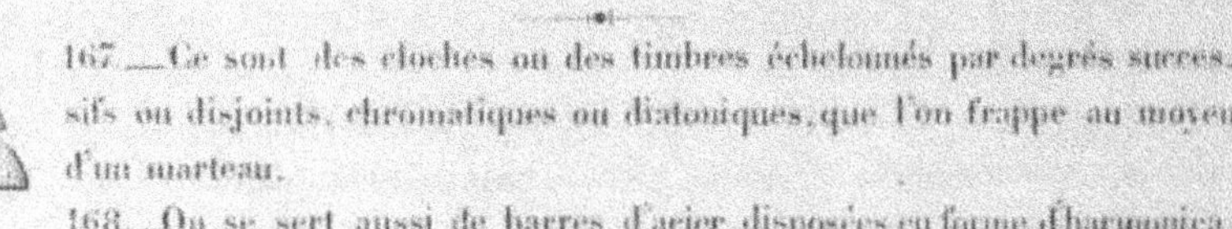

L'exécution de ce rythme sur les castagnettes donne une série de *ra* et de *fla* semblables à ceux produits par les baguettes du tambour.

JEU DE CLOCHES ou de TIMBRES.

JEU DE CLOCHES ou de TIMBRES.

167.—Ce sont des cloches ou des timbres échelonnés par degrés succes_sifs ou disjoints, chromatiques ou diatoniques, que l'on frappe au moyen d'un marteau.

168.—On se sert aussi de barres d'acier disposées en forme d'harmonica, et que l'on frappe également au moyen d'un marteau.

TAM-TAM ou GONG.

TAM-TAM ou GONG.

169.—Cet instrument d'origine chinoise, est simplement une plaque de bron_ze, que l'on fait vibrer, en la frappant au moyen d'un corps quelconque.

Les sons produits sont d'un effet lugubre, terrifiant et propre à em_ployer dans les compositions funèbres.

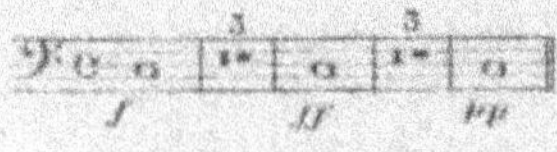

FIN de la 1.ʳᵉ PARTIE.

2ᵐᵉ PARTIE.

COMBINAISONS DES DIFFÉRENTS TIMBRES.

170. — Bien que les instruments à vent offrent dans leur accouplement moins de variétés et de ressources dans les effets de toute nature que lorsqu'ils sont joints aux instruments à cordes, il est cependant possible dans les arrangements avec du travail et de l'observa_ tion de se rapprocher des effets de l'orchestre à cordes.

Jusqu'ici la plupart des arrangeurs n'ont suivi dans leur manière de faire, que les sen_ tiers déjà battus, trop battus par leurs prédécesseurs.

Le défaut de règles positives sur lesquelles les élèves auraient pu se baser, ont été la cause que tous ceux qui ont orchestré pour harmonie, ont marché à l'aventure et ne sont parvenus à un résultat passable qu'après de longs tâtonnements. Ceux qui ne se sont pas donné la peine de chercher, ceux-là ont une manière de faire, dont ils ne sortent jamais.

Qu'importe le style du morceau! est-il religieux, mondain, classique ou moderne, tout cela s'orchestre de la même manière au moyen de la vieille routine.

C'est souvent de cette faiblesse d'orchestration que vient la monotonie que l'on éprouve en entendant des morceaux exécutés par la musique d'harmonie ou fanfare.

171. — Mʳ A. Elwart dans son petit traité d'instrumentation dit avec juste raison:

‹L'abondance des richesses instrumentales, le nombre si varié des instruments a dans ces derniers temps, fait naître bien des abus. Autrefois, sous la plume d'un Haydn, d'un ‹Mozart, d'un Gluck, d'un Méhul, d'un Cherubini et d'un Spontini, chaque instrument à vent ‹et de percussion avait un rôle spécial dans l'orchestre. La flûte y voulait dire Philomèle, ‹le hautbois, chalumeau champêtre, le cor transportait par la pensée dans une forêt om_ ‹breuse; le trombone évoquait les morts ou renforçait la voix des divinités infernales; la ‹trompette et la timbale chantaient le triomphe des héros ou excitaient aux combats. De ‹nos jours, les compositeurs, afin de donner une force factice à leur style, emploient sans ‹discernement ces voix instrumentales si caractéristiques; et tel air de soprano d'une forme ‹élégante, plus vocal que dramatique, est comme réveillé en sursaut par les accords stri_ ‹dents des trompettes cors et trombones, renforcés par la timbale, la grosse caisse et les ‹cymbales. Ajoutons que, depuis la plus simple romance jusqu'au morceau d'ensemble le ‹plus développé, les compositeurs emploient un seul et unique système d'instrumentation. ‹Cette pléthore ennemie de la variété et des contrastes fait naître la monotonie. Com_ ‹bien nos devanciers étaient plus sages que nous! Sous leur plume, que guidaient leur ‹bon goût et l'amour du vrai, chaque instrument, on ne saurait trop le redire, remplis_ ‹sait le rôle qui convient à la nature de son timbre; et lorsque ces maîtres, trop peu ‹étudiés, écrivaient pour un vaste local, ils étaient moins sobres d'instruments que si c'é_ ‹tait pour une petite salle de théâtre ou de concert qu'ils devaient composer.

‹Nous savons, par notre propre expérience que le moyen de jeter de la variété dans

d'instrumentation consiste à ne pas orchestrer avec les *mêmes instruments* deux morceaux qui doivent être entendus de suite ou à peu de distance [1] et nous pensons que, si les compositeurs déplaçaient avec intention, les instruments lorsqu'ils écrivent leur partition, et cela pour chacun des morceaux qui la forment, ce déplacement systématique les porterait presque malgré eux à essayer de nouvelles combinaisons. En général, ce qui vulgarise une œuvre musicale surtout, c'est l'abus des formules. Un compositeur qui se respecte doit être en garde contre cette espèce de lierre musical qui étouffe souvent les plus belles compositions.

Cela est malheureusement très vrai, mais quand à ce défaut de goût vient s'ajouter l'ignorance du timbre, de l'étendue et du diapason des instruments, on entend alors ces malsaines élucubrations qui font sourire de pitié les musiciens qui sont forcés de les subir.

Nous allons donc essayer de ne pas suivre ces errements en recherchant la variété des effets et en combinant entre eux les différents timbres des instruments que nous avons précédemment étudiés dans la première partie de cet ouvrage.

INSTRUMENTS EN BOIS.

1ᵉʳ GROUPE.

FAMILLE FLÛTES.

PETITE FLÛTE RÉ♭ — GRANDE FLÛTE UT.

172. — La réunion de ces deux instruments n'offre que deux combinaisons dans l'ensemble: 1° doublure à l'octave, 2° deux parties réelles.

173. — On doit éviter de les faire jouer à l'unisson, car il est difficile d'obtenir une parfaite justesse.

174. — Il est d'un bon effet de les faire jouer à distance d'octave, la petite flûte donne de la puissance au timbre de la grande flûte, laquelle adoucit un peu les notes criardes de la petite flûte.

175. — On peut leur faire jouer deux parties distinctes, en ayant soin, de ne pas avoir un trop grand écart entre les parties.

[1] C'est surtout l'emploi successif des mêmes instruments à vent en bois ou en cuivre ou mélangés qui contribue à la monotonie de l'instrumentation.

176._Il résulte de ce qui précède que la petite flûte est la continuation à l'aigu de l'échelle de la grande flûte. On s'est servi quelquefois de ce passage d'une flûte à l'autre pour atteindre les notes aigües qui manquent à la grande flûte.

177._La grande flûte est peu employée dans l'*harmonie*, son timbre doux, éthéré, sans force et sans chaleur, est trop faible pour ressortir avec effet, accompagnée qu'elle est, par des timbres qui la dominent presque toujours.

Cependant, en choisissant avec soin les instruments que l'on groupe autour d'elle, et en ne chargeant pas l'accompagnement on peut en tirer parti.

(Rossini, Ouverture de Guillaume Tell.)

178._Dans l'harmonie on emploie rarement deux grandes flûtes on pourrait cependant produire quelques bons effets dans des passages *piano* surtout dans le style religieux.

(Meyerbeer, Les Huguenots.)

179.__ En revanche, on emploie fréquemment deux petites flûtes cette combinaison produit toujours un excellent effet. Le timbre mordant de la petite flûte tranche nettement sur la masse de l'accompagnement.

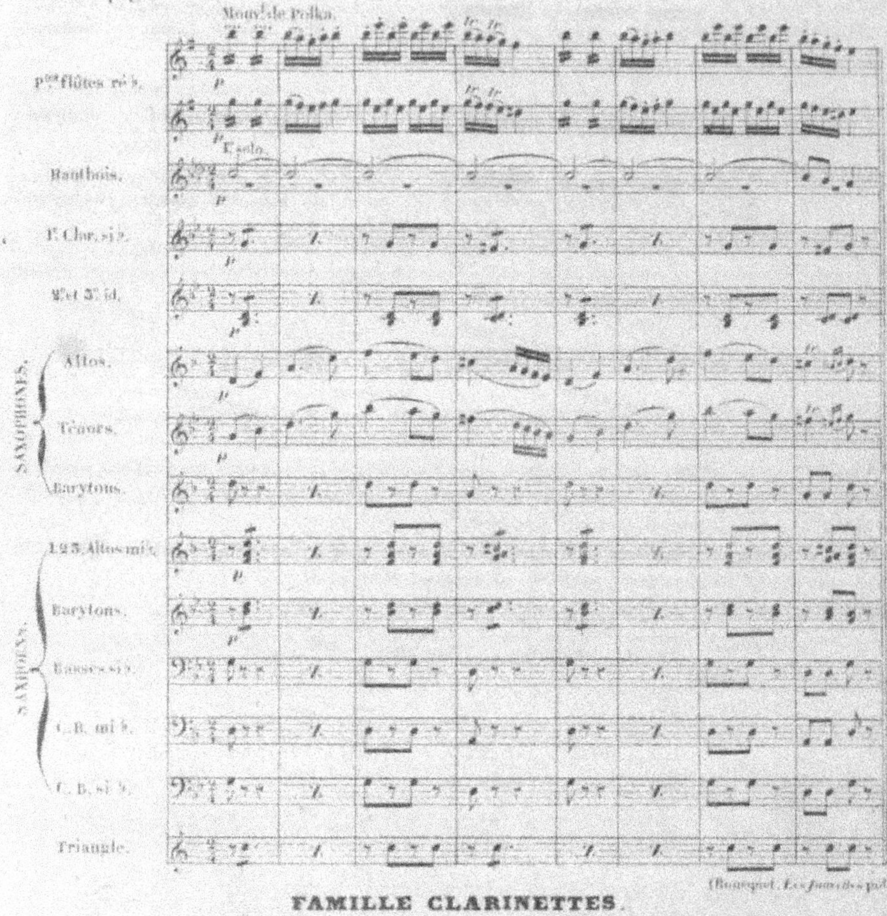

(Bousquet. *Les fauvettes* polka)

FAMILLE CLARINETTES.

180.__ Cette famille d'instruments est la plus importante dans l'harmonie militaire.

181.__ Les clarinettes remplissent dans l'harmonie le rôle des violons à l'orchestre.

La clarinette si ♭ descendant jusqu'au 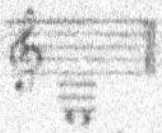 ce qui donne réellement pour l'oreille un ré 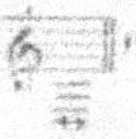 et la petite clarinette mi ♭ donnant la note aigüe 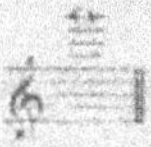 qui sonne pour l'oreille si ♭ 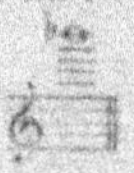 fait, que l'on possède réellement 3 octaves et une sixte mineure, ce qui permet d'exécuter facilement les traits les plus étendus.

182.__ Les effets que l'on peut tirer de l'accouplement des instruments de cette famille sont nombreux.

Une des meilleures combinaisons est celle produisant un effet d'orgue; le style religieux, le style sévère dans un mouvement large est d'un excellent effet; si on ajoute une ou deux grandes flûtes, le timbre y gagne en sonorité. Le timbre chaleureux des clarinettes se trouve tempéré par la fraîcheur de la flûte.

183. On obtient aussi dans le registre grave de la clarinette en notes tenues et sur certains accords des effets bizarres, fantastiques et sombres que l'on emploie trop peu souvent dans l'harmonie.

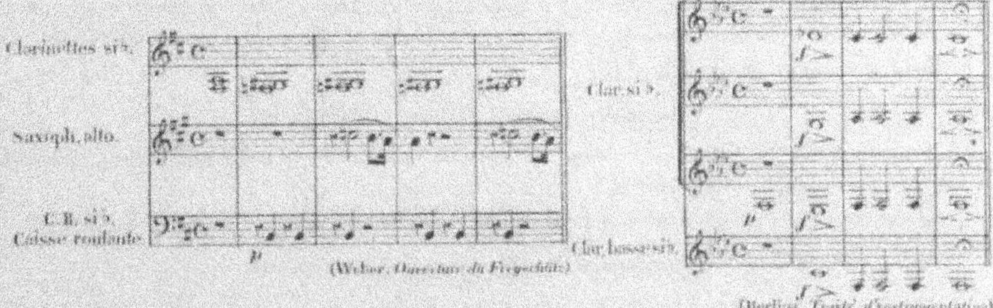

184. L'adjonction de la clarinette basse assombrit encore l'effet terrible produit par les notes graves des 3 clarinettes si♭ sur l'accord de 7e diminuée.

185. Dans le registre aigu au contraire, les clarinettes sont excellentes pour produire des effets éthérés et vagues. Par exemple l'introduction de l'opéra *La Traviata* (de Verdi)

PETITE CLARINETTE MI♭.

186. En solo, la petite clarinette est quelquefois employée, son timbre manque d'ampleur, les notes aigües sont criardes et ont une certaine tendance à la vulgarité.

La clarinette si♭ est de beaucoup préférable sous tous les rapports aussi est-elle fréquemment employée dans les solos.

On peut se rendre compte par les exemples précédents des effets que l'on peut tirer des combinaisons clarinettes, et clarinettes et flûtes au fur et à mesure que nous ajouterons de nouveaux timbres à ceux-ci, de nouveaux effets se produiront et la manière d'employer ces différentes combinaisons variera suivant les effets produits.

187.——Dans l'harmonie comme dans l'orchestre, le hautbois est surtout un instrument propre au solo, son timbre métallique et mordant se distingue clairement au milieu des timbres qui l'accompagnent.

188.——Ainsi que la grande flûte, le hautbois perd un peu de son importance dans l'harmonie.

Son timbre délicat et fin se trouve facilement couvert si l'on ne prend soin de peu charger l'accompagnement et de choisir des timbres susceptibles d'accompagner très piano.

Nous allons étudier les effets que l'on peut tirer de l'alliage de ce nouveau timbre aux timbres que nous connaissons déjà.

Combinaison G^{de} Flûte et Hautbois.

Excellent effet, le hautbois corrige le timbre sans chaleur et un peu fade de la flûte. De son côté il y gagne de la douceur.

Il résulte de cette combinaison un timbre charmant fort employé à l'orchestre.

Combinaison Hautbois et Clarinettes.

En jouant à l'unisson dans le registre grave de   le hautbois dominera la clarinette, dans l'octave suivante les deux timbres seront d'une puissance à peu près égale et dans le reste de l'échelle c'est la clarinette qui couvrira le hautbois.

On s'en rendra compte facilement en étudiant l'exemple suivant:

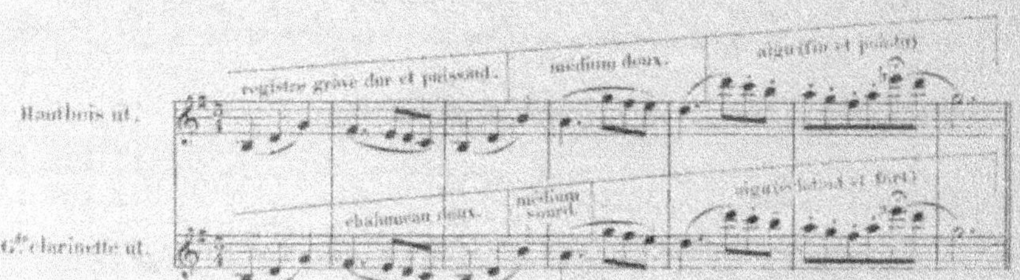

Les deux timbres se marient parfaitement, il en résulte un timbre mordant chaleureux et puissant d'un excellent effet.

On abuse souvent de cette combinaison en faisant doubler les traits des clarinettes par les hautbois c'est une faute.

Si l'on double les clarinettes ce doit être momentanément et avec l'intention de produire un nouvel effet, mais la chose ne doit pas être considérée comme une règle. On ne doit employer le hautbois qu'avec réserve et lui donner des petites rentrées mélodiques ou des tenues mais jamais de parties insignifiantes sauf cependant dans le *forte*, où son timbre se trouve complètement annulé.

A l'exemple précédent on préférera celui-ci.

191.__Combinaison (Hautbois et P.^{tte} clarinette mi♭)

L'effet est très bon, les sons un peu criards de la petite clarinette se trouvent modifiés à leur avantage par le timbre du hautbois. On peut employer avec succès cette combinaison, dans des rentrées, des notes tenues, etc.

192.__Combinaison (Hautbois G.^{des} et P.^{tes} clarinettes et Flûtes)

Sonorité légère et aérienne. Si nous ajoutons à l'exemple précédent une flûte la sonorité y gagnera en légèreté, surtout si nous l'écrivons à l'octave.

193.__Si nous ajoutions la petite flûte à cet exemple l'on obtiendrait encore plus de légèreté mais on y perdrait la douceur et la distinction qui font le charme de cet accouplement.

Voici un autre exemple qui renferme les trois timbres principaux que nous venons d'étudier:

FAMILLE SAXOPHONES[1]

194.—Cette famille sert de complément aux familles précédentes.

Les saxophones joints aux clarinettes, hautbois et flûtes forment un petit orchestre dont on peut déjà tirer parti.

Le saxophone baryton mi♭ donnant un ☐ ce qui donne réellement pour l'oreille un ☐ et la petite flûte ré♭ donnant un ☐ ce qui devient un ☐ avec toutes les notes intermédiaires celà donne une étendue presque aussi considérable que celle de l'orchestre à cordes savoir: ☐ cinq octaves et une sixte mineure avec tous les intervalles chromatiques.

La réunion des 4 variétés de cette famille (soprano, alto, ténor et baryton) forme un quatuor excellent dont le timbre est rond et d'une plénitude parfaite lorsque les parties en sont bien disposées.

Ce timbre est agréable, un peu nazillard et sans éclat, il ressemble à s'y méprendre à certains registres des grandes orgues.

Quoique nous déplorions la perte des bassons dans les musiques militaires, il n'en est pas moins vrai que les saxophones sont indispensables aujourd'hui et qu'ils relient parfaitement la masse des cuivres à celle des bois. Aussi sont-ils fort employés dans l'harmonie et ne pourraient être remplacés par aucun timbre connu.

195.—**Combinaison (Soprano si♭, Alto mi♭, Ténor si♭ et Baryton mi♭)**

Ce qui donne réellement pour l'oreille

196.—On remarquera dans l'exemple précédent 1° la bonne disposition des parties 2° que les instruments jouent dans le médium 3° que le baryton est doublé par le ténor.

1° La bonne disposition des parties doit toujours être observée et pour celà il faut se rendre compte de la note réellement donnée par l'instrument et non celle écrite; celà est

indispensable à la bonne sonorité car si l'on double inconsciemment les consonnances im_
parfaites et les dissonances, il est évident que l'on obtiendra des vides et des duretés, qui
influeront sur la sonorité générale.

2°(Les instruments jouent dans le médium).Il est en effet très difficile d'attaquer les notes
graves piano sur le saxophone, on devra donc si l'on veut obtenir un pianissimo, écrire tou_
tes les parties dans le médium.

3°(Le ténor double la partie de baryton). A cause du grand volume d'air nécessaire pour
jouer le saxophone baryton, il est difficile d'exécuter de longues phrases, surtout dans un
mouvement large et lorsque les notes sont liées, de plus dans le registre aigu, les sons
du baryton sont sans forces et ont un timbre pleurard, qui, à moins d'une intention spé_
ciale et voulue du compositeur, sont d'un assez triste effet dans un solo.

197.__ C'est donc une bonne précaution lorsque l'on veut faire ressortir un chant à la basse
de le faire doubler par le saxophone ténor.

198. Il résulte de tout ceci, que l'on doit toujours écrire pour les saxophones aussi pu_
rement que possible.

Cela ne veut pas dire qu'il faille toujours avoir 4 parties réelles et la preuve c'est que
les exemples suivants sont d'un excellent effet et dont on pourra se servir suivant les cir_
constances.

199.__ Dans cet exemple le soprano et l'alto jouent le trait à l'unisson, il en est de même pour
le ténor et le baryton mais les deux groupes sont forcément à la distance d'une octave, car
si il était possible de faire jouer le ténor à l'unisson du soprano et de l'alto, l'étendue du
baryton ne permettait pas de suivre le ténor. En conséquence dans l'intérêt de la sonorité
il était préférable de doubler le baryton par le ténor.

Autre exemple:

200.— Excellente disposition pour obtenir de la puissance, le soprano est doublé par le ténor et l'alto par le baryton.

201.— Combinaison (Flûtes et Saxophones)

La petite flûte tranche vivement sur le timbre des saxophones dans un solo elle se trouve fort bien accompagnée par ce double quatuor.

202.— Combinaison (P^{te} Flûte, G^{de} Flûte et Saxophones)

L'adjonction de la grande flûte modifie peu la combinaison précédente, cependant elle adoucit et rend plus agréable le timbre perçant de la petite flûte.

203.— Combinaison (Hautbois et Saxophones)

Le hautbois ressort très distinctement, il résulte de cette combinaison, un timbre très original dont on n'use pas assez et qui est susceptible de produire les effets les plus variés.

204.— Combinaison (Hautbois, P^{te} Flûte, G^{de} Flûte et Saxophones)

Dans ce groupe le hautbois servira à relier les flûtes aux saxophones. Excellent ef_fet, sonorité légère et propre aux choses délicates.

205.—Combinaison (Clarinettes et Saxophones)

Cette combinaison est nécessairement la plus employée, les clarinettes ayant dans l'harmonie le rôle le plus important, et les saxophones étant par excellence des instruments d'accompagnement on use donc beaucoup de cet accouplement. De cet ensemble il résulte un timbre moelleux et doux qui repose l'oreille et qui cependant possède de la puissance

Cette combinaison est pour l'harmonie ce que le quatuor est à l'orchestre, c'est-à-dire, qu'en écrivant aussi purement que possible et en disposant convenablement les parties de ce groupe d'instruments, on obtiendra un quatuor nourri qui aura une heureuse influence sur la masse.

Sans cette précaution, il est même impossible d'obtenir une bonne sonorité dans les ensembles. On doit bien se pénétrer que, dans l'harmonie, les instruments en bois jouent le principal rôle, et que les cuivres sont par rapport à ces derniers, ce que les instruments en bois sont à l'orchestre, c'est-à-dire qu'ils doivent renforcer les traits, faire des tenues, des dessins, etc.

Je parle ici du petit cuivre et non des basses et contrebasses, dont le rôle est du reste bien défini, dans l'harmonie comme dans la fanfare.

206.__Combinaison (Flûtes, Hautbois, Clarinettes, Saxophones)

Cette combinaison achève la série des mélanges que l'on peut obtenir des instruments en bois.

Elle réunit toutes les qualités voulues en sonorité et en puissance pour lutter contre la masse des cuivres qui forment le complément d'une harmonie.

Si à cet amalgame on y ajoutait des bassons et des clarinettes basses la puissance s'accroîtrait considérablement et le timbre général y gagnerait de la chaleur.

2me GROUPE.

INSTRUMENTS EN CUIVRE.

207.__ Dans l'harmonie comme dans l'orchestre les instruments de cuivre apportent dans l'ensemble une puissance que l'on ne saurait obtenir sans leur secours.

Ils sont donc indispensables dans les grands *forte*.

208.__On y distingue deux nuances de sonorités bien caractérisées.

1° Le timbre strident clair éclatant et puissant de la trompette et du trombone.

2° Le timbre plus voilé et moëlleux de la famille des saxhorns, à laquelle vient s'ajouter le cornet à pistons.

209._En solo, la trompette ne s'emploie généralement que dans des rentrées, cependant il y a des exemples de quelques solos de trompette qui font un bon effet.

L'expression de cet instrument est énergique et propre aux chants guerriers.

(Auber, *Ouverture de Fra Diavolo*)

210._Deux trompettes jouant chacune une partie distincte en tierces et sixtes produisent un grand effet.

211._Combinaison (Trompettes, Hautbois, Clarinettes)

Effet bizarre et excellent, trop peu employé, les timbres se marient parfaitement.

212.— Combinaison (Trompettes, Hautbois, Saxophones)

Effet également curieux, le timbre incisif de la trompette parfaitement marié à celui du hautbois, donne de la puissance et du mordant aux saxophones.

213.— Employée en solo et doublée par le hautbois, la trompette est d'un très joli effet accompagnée par les saxophones.

214.— Combinaison (Trompettes, Clarinettes, Saxophones)

Dans cette combinaison, les trompettes tranchent âprement sur le reste de la masse, on devra donc donner à la trompette à défaut de solo une partie intéressante.

Les tenues piano dans le médium et le grave de l'instrument font toujours un admirable effet dans cette combinaison.

TROMBONES.

215.—Dans toutes les circonstances on doit écrire purement pour les trombones.

Ce groupe puissant d'une physionomie toute particulière peut offrir par lui-même un sens harmonique complet.

Le style qui lui convient le mieux, est le style sévère, le contrepoint, note contre note.

216.—Les trombones dans l'harmonie modifient sensiblement le timbre général de l'ensemble, suivant le choix des accords, la disposition des parties et l'intensité du son.

217.—La disposition espacée des parties et les accords simples qui composent l'exemple A feront que l'effet sera pompeux et sonore dans le *forte*, solennel dans le *piano*.

218.—Les accords dissonants et serrés de l'exemple B expriment des sentiments de colère, de rage, contenus dans le *piano*, qui se font jour dans le *forte*.

219._ Enfin la disposition serrée Ex.a,dans un mouvement lent et l'emploi d'accords majeurs consonnants, produiront dans le *piano* un effet religieux très accentué.

220. Dans le *pianissimo* les trombones exécutant des harmonies du mode mineur produiront un effet sombre et lugubre.

221._Combinaison (Trombones et Trompettes.)

Les trompettes forment à l'aigu la continuation de l'échelle des trombones sonorité homogène et du plus grand éclat. On peut obtenir de cet assemblage cinq et six parties réelles, quoique le plus souvent les trompettes ne servent qu'à doubler la partie supérieure des trombones.

Excellent effet dans les fanfares guerrières.

Cette combinaison produit une vive opposition, lorsqu'elle est employée alternativement avec toutes celles que l'on peut obtenir de divers timbres composant une harmonie.

222._Combinaison (Trombones et Saxophones)

Sonorité pleine et magistrale.

Les saxophones adoucissent un peu la rudesse des trombones, sans cependant leur ôter le caractère sévère qui les caractérisent.

Dans cette combinaison, les saxophones servent aussi à maintenir le son dans toute son intensité pendant les longues valeurs.

Les effets solennels, religieux, dramatiques sont parfaitement rendus par cet amalgame.

223.__Combinaison (Trombones, Saxophones et Trompettes.)

L'adjonction des trompettes dans l'exemple précédent donnera plus d'éclat au timbre général et les parties qu'elles renforceront, s'entendront distinctement, mais l'ensemble y perdra son caractère religieux.

Cette combinaison est surtout propre aux marches solennelles.

224.__ Combinaison (Trombones et Hautbois)

Cette combinaison n'est praticable qu'à la condition de faire jouer les trombones très *piano*, sans cette précaution le timbre du hautbois serait facilement couvert.

Un duo ou un solo de hautbois accompagné par des trombones fait toujours un effet charmant.

Le timbre de cet ensemble est clair et argentin.

(Leroux, Mazurka)

225.__On obtient aussi des effets fantastiques, lugubres certains accords. Dans ce cas, il faut avoir soin d'écrire les hautbois dans le registre grave, qui est dur et puissant, deux choses qui conviennent parfaitement à l'effet cherché.

226.__Combinaison (Trombones et Clarinettes)

Cet ensemble manque de cohésion.

Les deux timbres se distinguent parfaitement et ne se fondent pas; il en résulte une sonorité vague, propre dans les *piano* à des effets de voix céleste; dans les *forte*, cette combinaison est peu praticable.

227.— Combinaison (Trombones et Flûtes)

M. H. Berlioz dans sa messe de Requiem, s'est servi avec succès de cette combinaison voici ce qu'il en dit : « Cet effet est placé dans l'ouvrage que je viens de citer, au dessous d'une harmonie de flûtes à 3 parties en l'absence des voix et de tous les autres instruments. Le ton des flûtes, séparé de celui des trombones par un intervalle immense, semble être ainsi la résonnance harmonique sur aigüe de ces pédales, dont le mouvement lent et la voix profonde ont pour but de redoubler la solennité des silences dont le chœur est entrecoupé au verset *(Hostias et preces tibi laudis offerimus)*

228.— Combinaison (Trombones, Clarinettes et Saxophones)

Les saxophones servent d'intermédiaires et relient parfaitement les clarinettes aux trombones, sonorité légère et puissante. Développement de la combinaison § 22

229._Combinaison(Trombones,Clarinettes,Saxophones,Flûtes et Hautbois)

Les flûtes et les hautbois accroissent encore la sonorité de la combinaison précédente, les hautbois ont une grande influence sur le caractère de cette combinaison.

Ils servent à marier les timbres si variés de cet amalgame.

Malgré le grand nombre d'instruments qui font partie de cette combinaison la sono_rité est un peu dure et manque de puissance, celà provient de la faiblesse de la basse[1]

En solo le trombone fait toujours bon effet, aussi est-il fréquemment employé.

CORNET A PISTONS.

230._Le cornet remplit un rôle très important dans les musiques d'harmonies et fanfares.

En solo le cornet produit toujours beaucoup d'effet, malgré l'abus qu'on en a fait.

Un duo de deux cornets est très agréable à entendre à la condition de ne pas faire jouer le second cornet trop bas et de conserver une distance moyenne entre les deux par_ties sans cette précaution le 2me cornet est couvert par l'accompagnement.

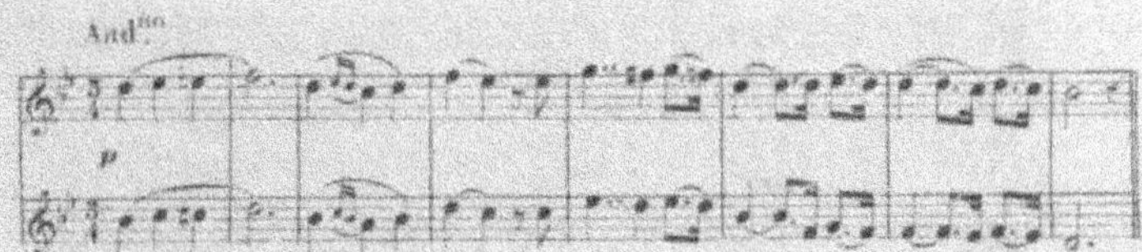

231._Combinaison (Cornet et P^{le} Flûte)

Cette combinaison est inusitée, les timbres ne se marient pas et a moins d'un effet ori_ginal voulu, cette combinaison n'est pas à employer.

232._Combinaison (Cornet et Clarinette)

Très bon effet, les timbres se fondent assez bien, surtout dans la nuance *piano*, sono_rité douce. A employer avec succès.

[1] Avec l'adjonction de Bassons et de Clarinettes basses ces défauts disparaîtraient.

233.___Combinaison (Cornet , Clarinettes et Saxophones)

L'adjonction des saxophones donnant une basse solide, cette combinaison est fréquem_
ment employée.

Le timbre du cornet ressort bien, tout en se mariant parfaitement aux autres timbres.

Sonorité pleine et moëlleuse, assez puissante dans le *forte* veloutée dans le *piano*.

234.___Combinaison (Cornet, Hautbois, Clarinettes et Saxophones)

Le hautbois apporte dans cette combinaison de la chaleur et du mordant, il change de
suite le timbre général en lui donnant plus d'éclat.

Cette dernière combinaison achève les mélanges possibles entre les instruments en
bois et les cornets. Nous n'avons certainement pas donné tous les effets qu'on pouvait
en tirer, mais avec le secours de ces données l'élève pourra trouver d'autres accouple_
ments.

235.___Combinaison (Cornet et Trompettes)

Dans cette combinaison les cornets sont absorbés par les trompettes, le timbre des
cornets leur enlève un peu de cette allure franche qui les caractérisent dans les fanfa_
res guerrières. Il en résulte un timbre moins vert, mais moins énergique.

236.___Combinaison (Cornet et Trombones)

Sonorité légère, très agréable, caractère grave et religieux dans les mouvements
lents.

FAMILLE SAXHORNS.

PETIT SAXHORN SOPRANO ou (PETIT BUGLE Mi♭)

237._Cet instrument est surtout employé utilement dans la fanfare.

Son timbre se rapprochant (quoique plus aigu) de celui du cornet à pistons. Les combinaisons des paragraphes (230_231_232_233_234 et 235) sont applicables au petit saxhorn mi♭.

SAXHORN CONTRALTO (ou BUGLE Si♭)

238._Le timbre du saxhorn contralto si♭ a également beaucoup de ressemblance (quoique plus velouté) avec celui du cornet à pistons.

Les combinaisons des paragraphes énumérés ci-dessus, lui sont donc également applicables.

SAXHORN ALTO MI♭ (ou TÉNOR)

239._En solo cet instrument produit peu d'effet, il manque essentiellement de puissance; c'est donc principalement un instrument d'accompagnement ou de remplissage.

Dans ce rôle il rend de grands services si on sait l'employer dans l'harmonie comme dans la fanfare, il doit remplacer le cor (dans les tons aigus et du médium) en l'absence de cet instrument.

240._Combinaison (Saxhorns, Altos mi♭ et G^{des} Flûtes)

Caractère champêtre, timbre doux, propre aux phrases naïves et poëtiques.

241._Combinaison (Saxhorns, Altos mi♭, Flûtes et Clarinettes)

Développement de la combinaison précédente.

Timbre doux et pénétrant propre aux choses mélodiques et expressives.

242.__Combinaison (Altos, Flûtes, Clarinettes et Saxophones)

Ensemble harmonieux et suave, sonorité douce et pleine. Le timbre des altos relève et donne de l'éclat à celui des saxophones.

243.__Combinaison (Altos, Flûtes, Clarinettes, Saxophones et Hautbois)

Le hautbois dans cette combinaison y apporte, ainsi que dans toutes celles dont il fait partie, du brillant, de la légèreté, et semble donner de l'air à l'ensemble.

Une simple tenue de hautbois produit toujours un charmant et lumineux effet.

Cette dernière combinaison achève la série des mélanges entre les instruments de bois et les altos mi ♭.

244.__Combinaison (Altos et Trompettes)

Le caractère martial de la trompette est alourdi par l'adjonction des altos et si l'on veut faire ressortir dans toute sa verdeur le timbre de la trompette, on fera bien de n'y joindre aucun timbre étranger.

Le caractère de la combinaison trompettes et altos est solennel et pompeux.

245.__Combinaison (Altos, Bugles si ♭)

Sonorité douce, caractère champêtre. Timbre général rappelant celui du cor d'harmonie.

Ensemble meilleur dans le *piano*, puissant dans le *forte*, les altos adoucissent beau_
coup le timbre strident des trombones. Excellent effet dans les choses larges.

247. Le *saxhorn baryton* si ♭ a une grande analogie de timbre avec le *saxhorn alto*
mi ♭. En conséquence il augmente dans le grave l'étendue du saxhorn alto mi ♭.

Les deux timbres se marient donc parfaitement.

Toutes les combinaisons applicables aux altos mi ♭, seront donc employées avec suc_
cès pour les saxhorns barytons si ♭.

Le saxhorn baryton si ♭, donnant au grave un ce qui pour l'oreille est un

et le saxhorn alto mi ♭ donnant à l'aigu un ce qui donne réellement un On

possède donc une échelle presque aussi étendue que celle du *cor* avec tous les tons de
rechange.

Le timbre des saxhorns altos et barytons se rapprochant beaucoup de celui du cor, on
se servira donc de ces instruments pour remplacer les cors en cas d'absence.

248. Combinaison (Saxhorn baryton si ♭ et Cornet)

Excellent effet, fort employé en duo pour remplacer les voix, excellente sonorité à la
condition de bien disposer les parties, c'est à dire de ne pas écrire trop dans le grave pour
le baryton, ni trop à l'aigu pour le cornet.

249. Combinaison (Saxhorns barytons si ♭, Saxophones et Hautbois)

Timbre original, d'une plénitude parfaite, cet ensemble peut exécuter dans la perfection
les nuances *pianissimo*.

250. Combinaison (Saxhorns barytons si ♭, Saxophones et Clarinettes)

Excellent effet, développement de la combinaison § 201.

Dans cet ensemble, les barytons si♭ corrigent le timbre nazillard des instruments à an_
ches, et peuvent renforcer le registre grave et médium, tout en enrichissant l'ensemble
d'un timbre doux et rond dans le *piano*, et susceptible d'augmenter considérablement
la puissance générale dans le *forte*.

SAXHORN BASSE SI♭ (4 cylindres)

251.__Ainsi que son nom l'indique, le saxhorn basse si♭ est principalement affecté à frap_
per la basse, son rôle dans l'harmonie ou la fanfare est celui du violoncelle dans l'or_
chestre à cordes. C'est-à-dire doublure de la basse, contre chant, etc, etc.

Ce rôle lui assigne donc une place très importante, et sauf les effets spéciaux que
nous avons étudiés, cet instrument fait nécessairement partie de tous les ensembles.

SAXHORN CONTREBASSE MI♭

252.__Cet instrument d'une grande puissance, est d'une utilité incontestable dans l'har_
monie comme dans la fanfare. Son rôle est celui des contrebasses à cordes dans l'or_
chestre. Il peut, dans une certaine limite, exécuter les traits, mais le grand volume d'air
que l'exécutant est obligé de fournir, en rend souvent l'exécution impossible.

En conséquence, on fera bien dans ce cas de simplifier le trait, l'exécution y gagnera
en netteté et en puissance.

SAXHORN CONTREBASSE SI♭.

253.__Tout ce qui a été dit de la contre-basse en mi♭ s'applique également à la contre-
basse en si♭.

Cet instrument étant plus grave que le précédent, et la dépense d'air plus considérable,
on simplifiera donc davantage, si c'est possible, tous les traits dans l'intérêt de l'exécution.

FIN de la 2.me PARTIE.

3ème PARTIE.

INSTRUMENTATION.

254.—Les règles et les exemples contenus dans la 1re et la 2ème partie de cet ouvrage, vont trouver ici leur application.

Nous diviserons cette 3ème partie en leçons progressives et variant de style, en donnant dans chacune d'elles, plusieurs versions d'un thême au piano orchestré pour harmonie et fanfare.

DE LA PARTITION.

255.—La partition est l'ordre dans lequel le compositeur groupe sur le papier les instruments qui composent un orchestre quelconque. Nous allons donner plusieurs formules en usage et l'élève choisira celle qui lui conviendra le mieux.

Nous devons cependant dire, que les numéros II de ces exemples sont ceux que nous préférons, parce qu'ils réunissent par groupes les différentes familles d'instruments.

Les chiffres placés en regard du nom des instruments indiquent au minimum le nombre d'instruments nécessaires pour la composition d'une musique d'harmonie ou fanfare.

HARMONIE.

Nombre régl.te I	II	I.	II.
1	1	Petite flûte ré ♭	Petite flûte ré ♭
1	1	Grande flûte en ut	Grande flûte en ut
2	2	Petites clarinettes mi ♭	Hautbois en ut
2	2	1re G.de clarinette si ♭	Petites clarinettes mi ♭
2	2	2e et 3e clarinettes si ♭	1re d° si ♭
2	2	Hautbois en ut	2e et 3e d° si ♭
2	2	Saxophones { Sopranos si ♭	Saxophones { Sopranos si ♭
2	2	Altos mi ♭	Altos mi ♭
2	2	Ténors si ♭	Ténors si ♭
2	2	Barytons mi ♭	Barytons mi ♭
2	2	Cornets à pistons si ♭	Cornets à pistons si ♭
2	2	(1er bugle) Soprano mi ♭	Trompettes à pist. mi ♭
3	3	Saxhorns { Contraltos si ♭	Trombones en ut
.	.	Altos mi ♭	Saxhorns { *Sopranos mi ♭
2	3	Barytons si ♭	Contraltos si ♭
3	.	Trompettes à pist. si ♭	Altos mi ♭
2	2	Trombones en ut	Barytons si ♭
3	3	Basses 4 cylindres si ♭	Basses si ♭
1	1	Contrebasses mi ♭	Contrebasses mi ♭
1	1	Contrebasses si ♭	Contrebasses si ♭
3	3	Batterie.	Batterie.
41	41		

FANFARE.

Nombre régl.te I	II	I.	II.
1	1	Saxophones { *Sopranos si ♭	Saxhorns { (1er bugle) Soprano mi ♭
1	4	*Altos mi ♭	Contraltos si ♭
1	4	*Ténors si ♭	Altos mi ♭
1	2	*Barytons mi ♭	Barytons si ♭
2	1	Cornets à pistons si ♭	Saxophones { *Sopranos si ♭
1	1	Saxhorns { Petit bugle mi ♭	*Altos mi ♭
4	1	Contraltos si ♭	*Ténors si ♭
4	1	Altos mi ♭	*Barytons mi ♭
2	2	Barytons si ♭	Cornets à pistons si ♭
5	5	Trompettes à pist	Trompettes à pist
3	3	Trombones en ut	Trombones en ut
4	4	Basses si ♭	Basses si ♭
1	1	Contrebasses mi ♭	Contrebasses mi ♭
1	1	Contrebasses si ♭	Contrebasses si ♭
1	1	*Timbales	*Timbales
32	32		

NOTA. Les instruments marqués d'un *, ne sont pas réglementaires. En retranchant du total les chiffres qui les représentent, on obtiendra le nombre d'instruments fixés par le Décret du 25 Mars 1860.

256.—Il est très rare qu'il ne faille pas transposer un morceau de musique que l'on ins_trumente pour harmonie ou fanfare.

Le choix de la nouvelle tonalité est souvent pour beaucoup dans les qualités ou les défauts de l'arrangement.

1° On devra donc faire en sorte de s'éloigner le moins possible (effet réel pour l'o_reille) de la tonalité du thème.

Ex: Un morceau en mi majeur devra être écrit en *fa* pour les instruments en si ♭ ce qui donnera la tonalité d'ut pour les instruments en mi ♭, et ré pour les instruments en ré ♭.

Toutes ces tonalités sont excellentes, et le morceau ne sera transposé que d'un demi ton inférieur, c'est-à-dire en mi ♭ pour l'oreille au lieu de *mi* ♮ majeur.

2° On se préoccupera, si, dans ces tonalités, les traits sont exécutables pour les groupes importants de l'orchestre tels que: clarinettes, cornets et saxhorns; dans le cas contraire, on aurait recours à une nouvelle transposition.

3° Des modulations fréquentes et prolongées entraînent souvent l'orchestre dans un labyrinthe d'accidents. Dans ce cas, il faut choisir au début une tonalité qui ren_de ces modulations exécutables.

257.—Afin d'épargner aux commençants toute espèce de calcul, nous allons donner un tableau des tonalités les plus employées, en ajoutant au ton réel l'armure qui lui correspond dans les instruments en ré ♭ – mi ♭ – si ♭ et fa.

TONS MAJEURS

Instruments	UT.	FA.	SI ♭.	MI ♭.	LA ♭.	RÉ ♭.
en **ut**.						
en **si** ♭.						
en **mi** ♭.						
en **ré** ♭.						
en **fa**.						

1ʳᵉ LEÇON.

258.— Les *tutti* sont évidemment les passages les plus aisés à orchestrer, il y a peu d'effets à chercher, on n'est pas gêné par l'étendue restreinte de certains instruments, ni préoccupé de la difficulté d'exécution d'un passage mal doigté pour tel ou tel groupe, puisque l'on possède le nombre et que ce qui est difficile pour un instrument est réalisable sur quantité d'autres.

En conséquence, l'orchestration d'un pas redoublé par exemple, présentera peu de difficultés puisque c'est généralement un tutti du commencement à la fin.

259.— Dans ce cas les choses importantes sont:

1° Une tonalité peu accidentée et qui permette à la masse d'exécuter facilement les traits.

2° Une bonne disposition des parties.

3° L'équilibre entre le chant, la basse et les parties intermédiaires.

Ces conditions sont indispensables pour la bonne sonorité et la clarté de l'exécution.

260.— Le thème suivant pour piano étant donné, nous allons voir de quelle manière on doit s'y prendre pour l'orchestrer.

THÈME I.

(Leroux, Le Drapeau P.B.)

Le ton de *ré* majeur n'est pas favorable pour les cuivres en si ♭, et puis celà entraine les instruments en mi ♭, en *la* majeur.

Prenons donc *ut* majeur pour les si ♭ ce qui mettra les instruments en mi ♭, en *sol* majeur, et les ré ♭ en *la* ♮ majeur. Nous aurons donc à transposer le thème d'une se_ conde majeure inférieure pour les instrumemts en si ♭ _ d'une quinte juste inférieure pour les instrumemts en mi ♭ et d'une tierce mineure inférieure pour les instruments en ut, ce qui transposera réellement le thème en si ♭.

261. _ Le moyen le plus simple et le plus sur pour bien transposer, c'est de supposer une autre clé à l'armure.

Ainsi pour les instruments en si ♭ _ nous supposerons la clé d'ut 4.ᵐᵉ ligne en rem. placement de la clé de sol, et la clé d'ut 3ᵉᵐᵉ ligne en remplacement de la clé de fa.

Pour les instruments en mi ♭ nous aurons pour la portée supérieure une clé d'ut 2ᵐᵉ ligne et pour la portée inférieure une clé d'ut 1ʳᵉ ligne _ et ainsi de suite pour tous les instruments transpositeurs.

262. _ Afin de ne pas se tromper dans le nombre de toutes ces clés, je conseille à l'élève de les placer de cette manière en tête du morceau à orchestrer.

263. _ Maintenant occupons-nous de l'étendue des traits, nous voyons à première vue, un fa ♯ aigu qui transposé d'une seconde inférieure, donnera un mi ♮, note très abordable pour les grandes clarinettes et pour les pistons à l'octave basse. Nous sommes donc dans de bonnes conditions pour exécuter les traits.

Nous aurions pu prendre la tonalité de mi ♭ pour les instruments en si ♭, ce qui ne transposerait réellement le thème que d'un demi-ton inférieur, c'est-à-dire en ré ♭. Mais le fa ♯ devenait un sol et quoique à la rigueur dans un grand forte celà soit praticable, nous avons préféré transposer le thème d'une tierce majeure et choisir la facilité.

Quand aux modulations, nous n'avons pas à nous en occuper dans cet exemple.

264.— Ces préliminaires achevés, nous allons disposer notre partition et examiner le thème en détail.

Nous y trouvons d'abord un chant, secondement une basse, troisièmement des contre_temps.

Comme le but d'un pas redoublé est de bien faire marcher, les rythmes les plus sim_ples sont les meilleurs, nous ne contrarierons donc pas l'accompagnement du thème, et puisqu'il s'agit d'obtenir de la puissance et de la clarté, nous allons nous contenter d'écrire le chant pour les instruments du registre aigu de l'orchestre, l'accompagne_ment aux instruments formant le médium de l'échelle dont nous disposons et la basse aux instruments du registre grave.

265.— Dans ce cas un des moyens les plus usités c'est d'écrire d'abord le chant aux premières clarinettes si ♭ et ensuite la partie de basse aux 4 cylindres si ♭.

On peut chiffrer cette dernière partie, cela rend quelquefois service.

266.— Remarques sur l'orchestration du Thème I.

HARMONIE.

1° Les noms des instruments ne se répètent pas sur les autres pages de la partition, les numéros sont seuls transcrits.

2° Les barres de mesure divisent la partition en quatre groupes savoir:

    1° Groupe **Flûtes, Hautbois, Clarinettes.**

    2ᵐᵉ d° **Famille des Saxophones.**

    3ᵐᵉ d° **Cornets, Trompettes, Trombones.**

    4ᵐᵉ d° **Famille des Saxhorns, Batterie.**

J'engage fortement les élèves à se servir de cette manière de faire, laquelle pos_sède l'immense avantage de rendre facile la lecture de la partition ce qui compense grandement la petite perte de temps que ce travail nécessite.

Avec l'ancienne méthode et malgré les numéros, on est souvent obligé de consul_ter la première page pour savoir à quel instrument on a affaire.

3° Il existe des tenues dans l'arrangement qui ne figurent pas dans le thème.

Si dans certaines compositions, l'abus des tenues alourdit l'exécution, on ne doit pas craindre semblable chose dans un pas redoublé. Ici elles font un excellent effet, parce qu'elles font diversion et qu'elles rompent sans altérer le rythme, la monotonie de l'é_ternel contre temps.

P.te flûte en ré b. 1
Gde flûte en ut. 2
Hautbois. 3
P.re clar: mi b. 4
1.e Gde clar: si b. 5
2.e 3.e id. id. 6
Sopranos. 7
Altos. 8
Ténors. 9
Barytons. 10
SAXOPHONES.
1.e Cornet à pist: 11
2.e id. id. 12
Trompettes mi b. 13
1.re Trombone. 14
2.e 3.e et 4.e id. 15
Soprano mi b. 16
Contraltos si b. 17
Altos mi b. 18
Barytons si b. 19
Basses si b. 20
C. B. mi b. 21
C. B. si b. 22
Batterie. 23
SAXHORNS.
p
cre _ scen _ do
ff

FANFARE.
Soprano mi♭, 1
1er 2e Contraltos si♭ 2
3e 4e id. id. 3
Altos mi♭, 4
Barytons si♭, 5
Soprano, 6
Alto, 7
Ténor, 8
Baryton, 9
1er Cor à pistons si♭ 10
2e id. 11
Trompettes mi♭ 12
1er Trombone, 13
2e 3e id. 14
Basses si♭, 15
C. B. mi♭, 16
C. B. si♭, 17
Timb. mi♭ si♭, 18
SOPRANI
SAXOPHONES

cre_scen do
ff
ff
ff
cre_scen do
cre_scen do
ff
ff
cre_scen do
ff
cre_scen do
ff
cre_scen do
ff
cre_scen do
f
cre_scen do
f

267. — 1º Ainsi que dans la partition pour harmonie, on ne répète pas le nom des instruments sur les autres feuillets de la partition.

2º Nous divisons également la partition pour fanfare en 4 groupes, pour les raisons déjà exprimées plus haut.

3º Nous avons changé la tonalité

En effet, la tonalité précédente était mauvaise pour la fanfare, parce qu'elle forçait l'arrangeur à écrire les petits bugles saxhorns sopranos mi ♭, les pistons et les saxhorns contraltos si ♭, dans le registre grave de ces instruments et là justement où le grand forte demandait que le chant fut à l'aigu.

Et les cornets et les bugles si ♭ après avoir donné des *mi* dans le piano, ne montent plus qu'au *ré* et au *do* dans le fortissimo.

Tout cela est praticable et même inévitable dans un arrangement pour harmonie, où les clarinettes et les flûtes jouent le principal rôle, et doublent les traits à plusieurs octaves de différence, mais pour fanfare les bugles et les cornets formant le groupe principal, on doit leur sacrifier tout le restant.

C'est pour cette raison que nous avons changé la tonalité, ce qui permet aux bugles et aux cornets d'exécuter le chant sans le tronquer et de jouer dans le registre aigu ou fortissimo.

EXERCICE.

268. — L'élève orchestrera les thèmes suivants pour harmonie et fanfare dans deux tonalités différentes.

THÈME II.

2ᵐᵉ LEÇON.

269.— Accompagnement d'un solo.

A quelques rares exceptions près, on peut donner comme règle générale que: 1° *plus un chant est tourmenté, plus l'accompagnement doit être simple*; 2° *plus le chant est calme, plus il est permis de l'orner au moyen de l'accompagnement*.

270.— Dans ce travail après s'être préoccupé de la transposition et de tous les préli_minaires indiqués dans la 1ᵉʳᵉ leçon. (§ 258_259_260_261_262)

On étudiera le caractère du chant, car il importe que les timbres formant l'accom_pagnement ne soient pas en désaccord avec le style du morceau. Si des paroles sont jointes à la mélodie la tâche sera facile.

Etant donné le thème suivant, nous allons rechercher dans les combinaisons étudiées dans la 2ᵉᵐᵉ partie de cet ouvrage, celles qu'il conviendrait d'employer dans la trans_cription pour harmonie et fanfare.

THÈME IV.

Con grazia.
CHANT.
PIANO.
Les voilà ces meubles joyeux, Les voilà
ces meubles joyeux En noyer poli qui reluit aux yeux, qui reluit aux yeux!
Les voilà, ces meubles joyeux, Les voilà, ces meubles joyeux! Ils paraient la cham-
-bret-te de Jeannet - - te Ils seront bien surpris d'entrer dans la chambre
d'un gar_çon. Ils seront bien surpris d'entrer dans la chambre d'un gar_çon.

271.— Les paroles de ce thème nous disent que cette mélodie qui en est l'expression doit être gaie, légère et gracieuse.

L'accompagnement que l'auteur a placé sous cette mélodie est lui-même délicat et joyeux.

En conséquence nous ne choisirons que des combinaisons susceptibles de peindre cette gaité, cette fraicheur si bien exprimées par la mélodie.

Quand au solo exécuté par un soprano nous pourrons le donner soit à une clari_ nette soit à un cornet soit à tout autre instrument du registre aigu de l'orchestre.

272.— Remarques sur l'orchestration du thème IV.

HARMONIE.

Les mesures 1 à 6 offrent un exemple de la combinaison 201 à laquelle est ad_ jointe une partie de basse. Le solo ressort nettement sur cet accompagnement doux, ce qui permet au soliste de nuancer la mélodie à sa volonté. Pour rompre la mono_ tonie des contre temps, nous avons introduit à la mesure 7 des tenues (combinaison 250) renforcées à la mesure 9 par les contraltos. Les basses et le saxophone baryton font une partie de violoncelle, tandis que les contrebasses mi♭ et si♭ frappent le temps fort de la mesure.

Les notes de ces tenues sont prises dans les notes des accords sur lesquelles elles s'étendent; généralement, on doit se contenter des accords tels qu'ils sont donnés par l'auteur, et ne pas essayer de les compléter lorsqu'ils sont incomplets.

La petite rentrée des mesures 10_11 et 13 est le résultat des combinaisons 187-188. Les tenues de la dominante, mesures 12 et 14, font un charmant effet. (combinaison 209)

Nous voyons (mesures 15 à 18) les basses, doublées du saxophone baryton prendre le rôle des violoncelles en se détachant légèrement des C.B. Enfin les tenues des me_ sures 19 à 22 offrent un exemple de la combinaison 24 à laquelle sont jointes les basses.

L'élève remarquera, que partout où il se trouve des tenues, les instruments frap_ pant les contre temps sont réduits, ce qui permet à l'accompagnement de s'effacer, et au soliste de se faire entendre.

FANFARE.

273. Ainsi que pour l'harmonie, il était inutile de transposer le thème, du reste le solo est joué par le même instrument, et le ton d'ut est excellent.

On remarquera le rôle important que jouent les saxophones dans cet arrangement, à défaut, on devrait se servir des saxhorns altos et barytons pour frapper les contre temps.

Nous avons également introduit des tenues dans l'accompagnement mesure 7. Mais ici elles sont faites par les trombones et trompettes (combinaisons 2   le hautbois est remplacé par le saxophone soprano; de 19 à 22 les tenues par les saxophones. Enfin l'on remarquera la légèreté de l'accompagnement et la variété des timbres.

THÈME IV.

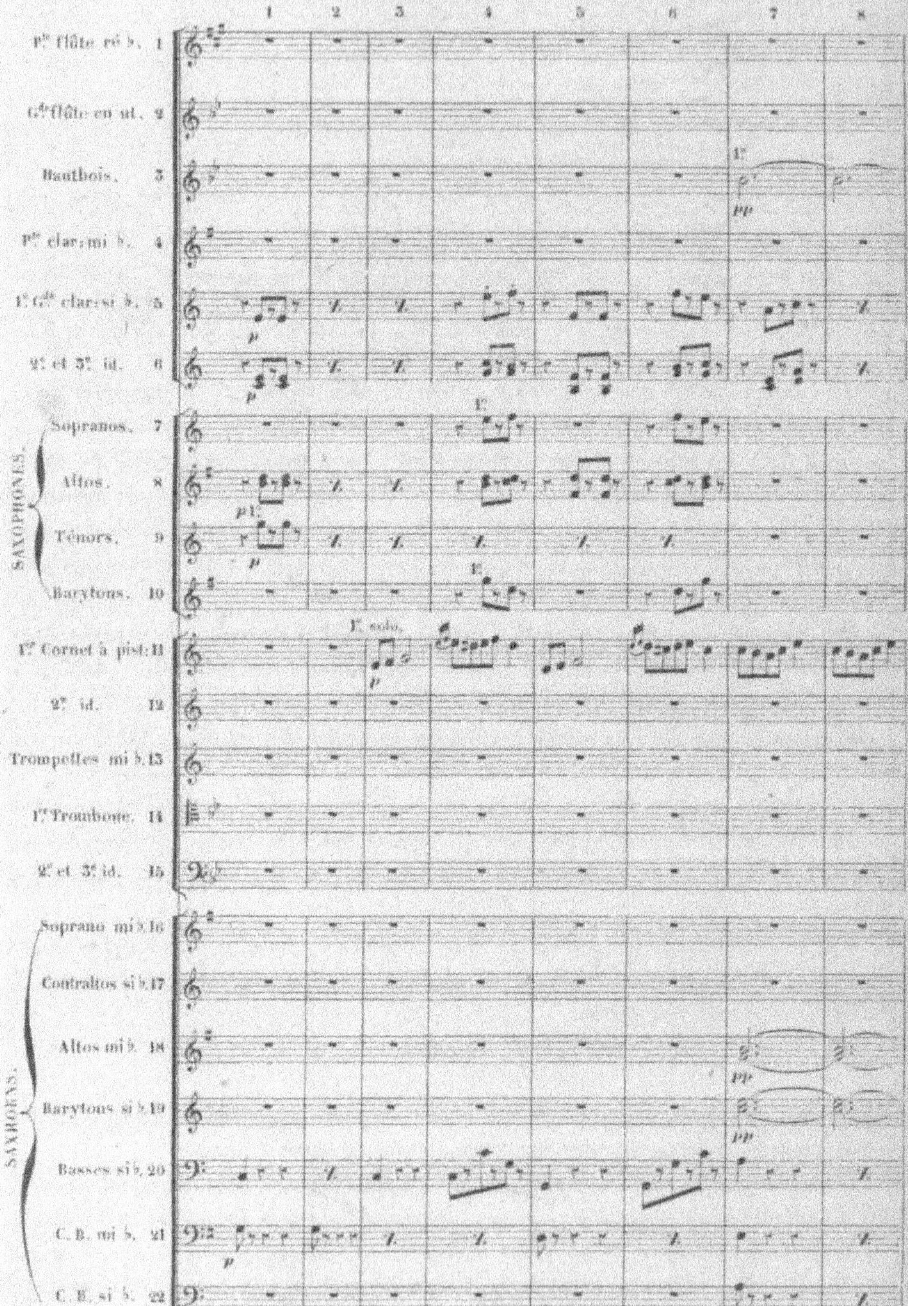

Pte flûte ré ♭. 1
Gde flûte en ut. 2
Hautbois. 3
Pte clar. mi ♭. 4
1e Gde clar. si ♭. 5
2e et 3e id. 6
SAXOPHONES.
Sopranos. 7
Altos. 8
Ténors. 9
Barytons. 10
1er Cornet à pist. 11
2e id. 12
Trompettes mi ♭. 13
1er Trombone. 14
2e et 3e id. 15
SAXHORNS.
Soprano mi ♭. 16
Contraltos si ♭. 17
Altos mi ♭. 18
Barytons si ♭. 19
Basses si ♭. 20
C. B. mi ♭. 21
C. B. si ♭. 22
Batterie. 23
1e solo.

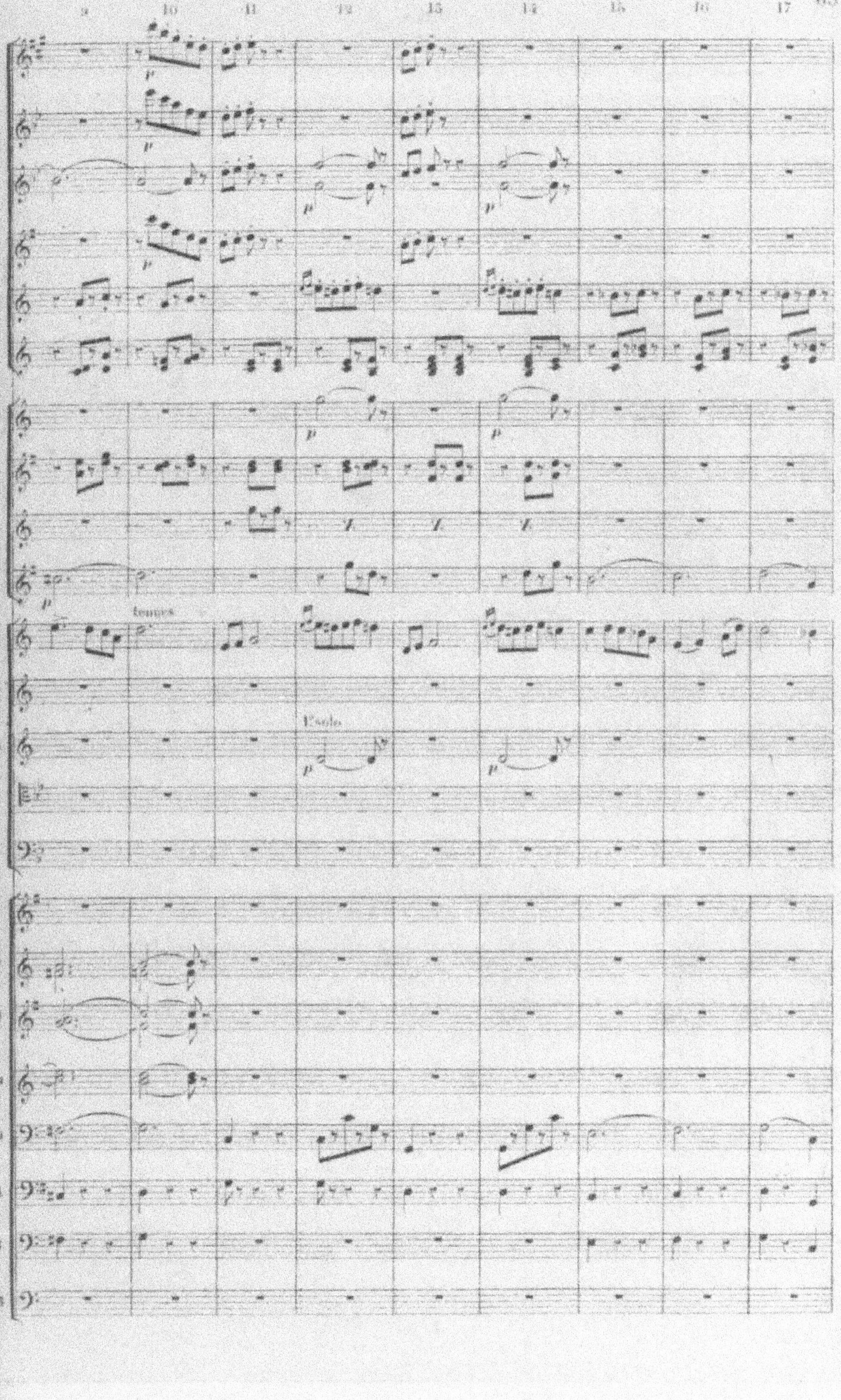
tenues
1° solo

FANFARE.
67
Con grazia
1   2   3   4   5   6   7   8
SAXHORNS.
1er Soprano mi b. 1
1er et 2e Contraltos si b. 2
3e et 4e id. 3
Altos mi b. 4
Barytons si b. 5
SAXOPHONES.
Soprano. 6
Alto. 7
Ténor. 8
Baryton. 9
1er Cornet si b. 10
2e id. 11
Trompettes mi b. 12
1er Trombone. 13
2e et 3e id. 14
Basse si b. 15
C. B. mi b. 16
C. B. si b. 17
Timbales. 18

68

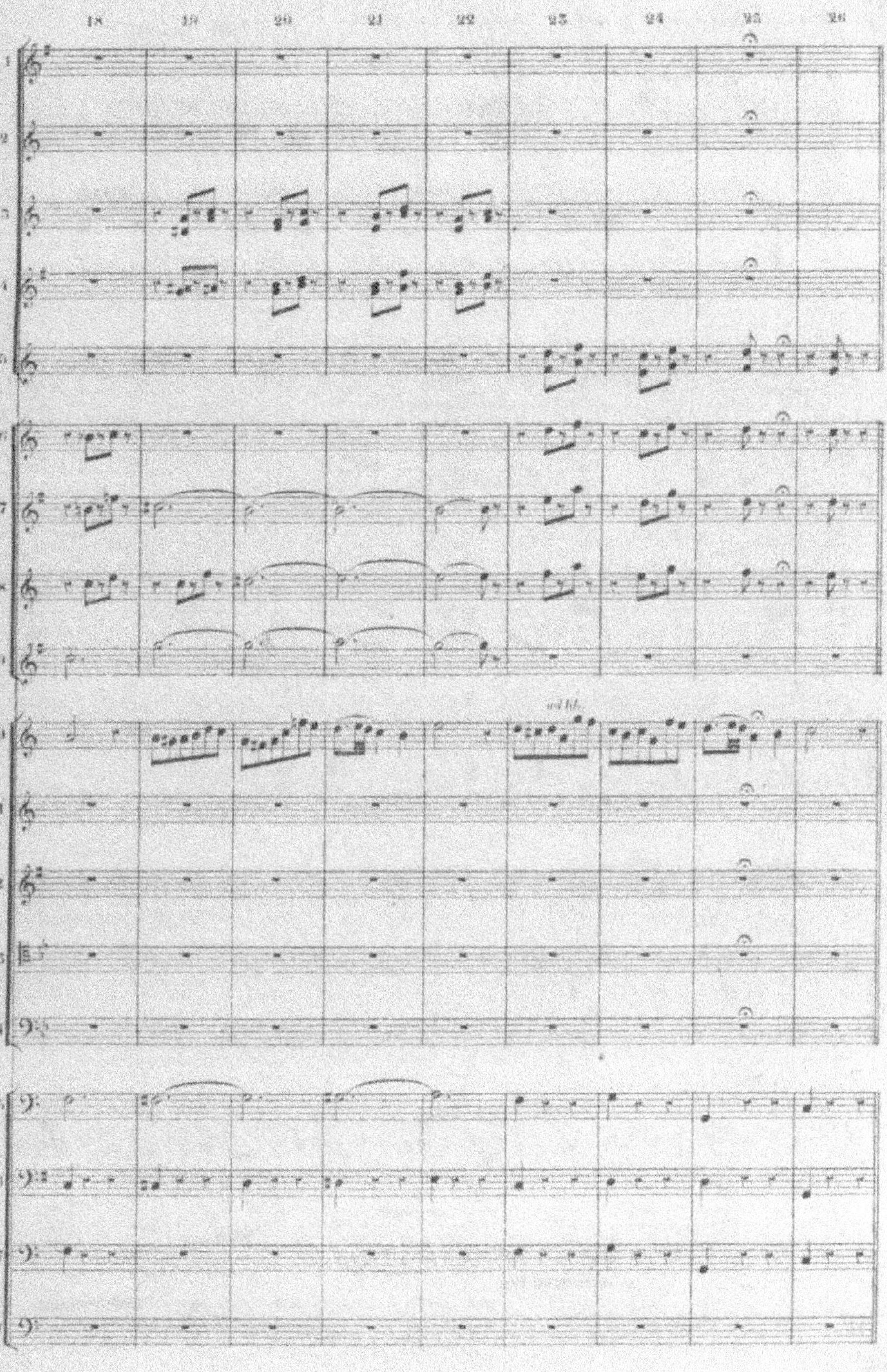
18
19
20
21
22
23
24
25
26
ad lib.

EXERCICE.

L'élève orchestrera le thème suivant pour harmonie et fanfare.

5me LEÇON.

274. — Transcription des tremolos, batteries, arpèges etc.

Les instruments à anches, qui dans l'harmonie remplacent le quatuor de l'orchestre à cordes (Violons, Altos, V^{elles}, C. Basses) exécutent difficilement et mal le tremolo. Seuls les cuivres du registre aigu et les flûtes peuvent exécuter convenablement cet effet si utile et si employé à l'orchestre et au piano.

Cependant certains auteurs ne craignent pas d'écrire le tremolo pour les clarinettes et les saxophones.

Avec des instrumentistes supérieurs, il est peut-être possible que cet effet soit convenablement rendu par les clarinettes; mais pour les saxophones, surtout ceux du regis_tre grave, la chose est complètement impossible.

Si donc les clarinettes peuvent exécuter tant bien que mal le tremolo, il est indis_pensable de modifier les parties exécutées par les instruments du registre grave et sous-grave de l'harmonie militaire. (§ 6)

Etant donné le thème suivant, nous allons voir de quelle manière il est possible de fai_re concourir le registre grave de l'orchestre d'harmonie à l'exécution du tremolo.

Il ne faudrait pas conclure de l'orchestration du thème V que toutes les batteries semblables à celles contenues dans ce thème doivent être transcrites en tremolo.

Cela dépend 1° du mouvement, 2° de la valeur des notes.

Dans cet exemple, il est évident que les triples croches de la main droite sont des tremolos à l'orchestre, et qu'il faut les transcrire comme tels dans l'arrangement pour harmonie.

On peut du reste donner comme règle générale, que, *les batteries placées sous les récitatifs sont toujours des tremolos à l'orchestre*.

Il n'en est pas de même pour les batteries de la main gauche dans l'exemple suivant, quoique le mouvement soit allegro, le rythme des croches s'entend distinctement, et l'équivoque n'est pas possible, ce sont réellement des batteries de croches que l'orchestre doit exécuter.

THÈME VI.

HARMONIE.
THÈME V.
73
All⁰ vivace
P⁰ flûte en ré. 1
G⁰ flûte en ut. 2
Hautbois. 3
P⁰ clar: mi b 4
1ᵉ Gᵗᵉ clar: si b 5
2ᵉ et 3ᵉ id. 6
Sopranos. 7
Altos. 8
Ténors. 9
Barytons. 10
SAXOPHONES.
1ᵉʳ et 2ᵉ pist: si b 11
Trompettes mi b 12
1ᵉʳ Trombone. 13
2ᵉ et 3ᵉ id. 14
Soprano mi b 15
Contraltos si b 16
Altos mi b 17
Barytons si b 18
Basses. 19
C. B. mi b 20
C. B. si b 21
Batterie. 22

74
Solo
f
dim
f
dim
dim
dim
dim

FANFARE.

THÈME V.

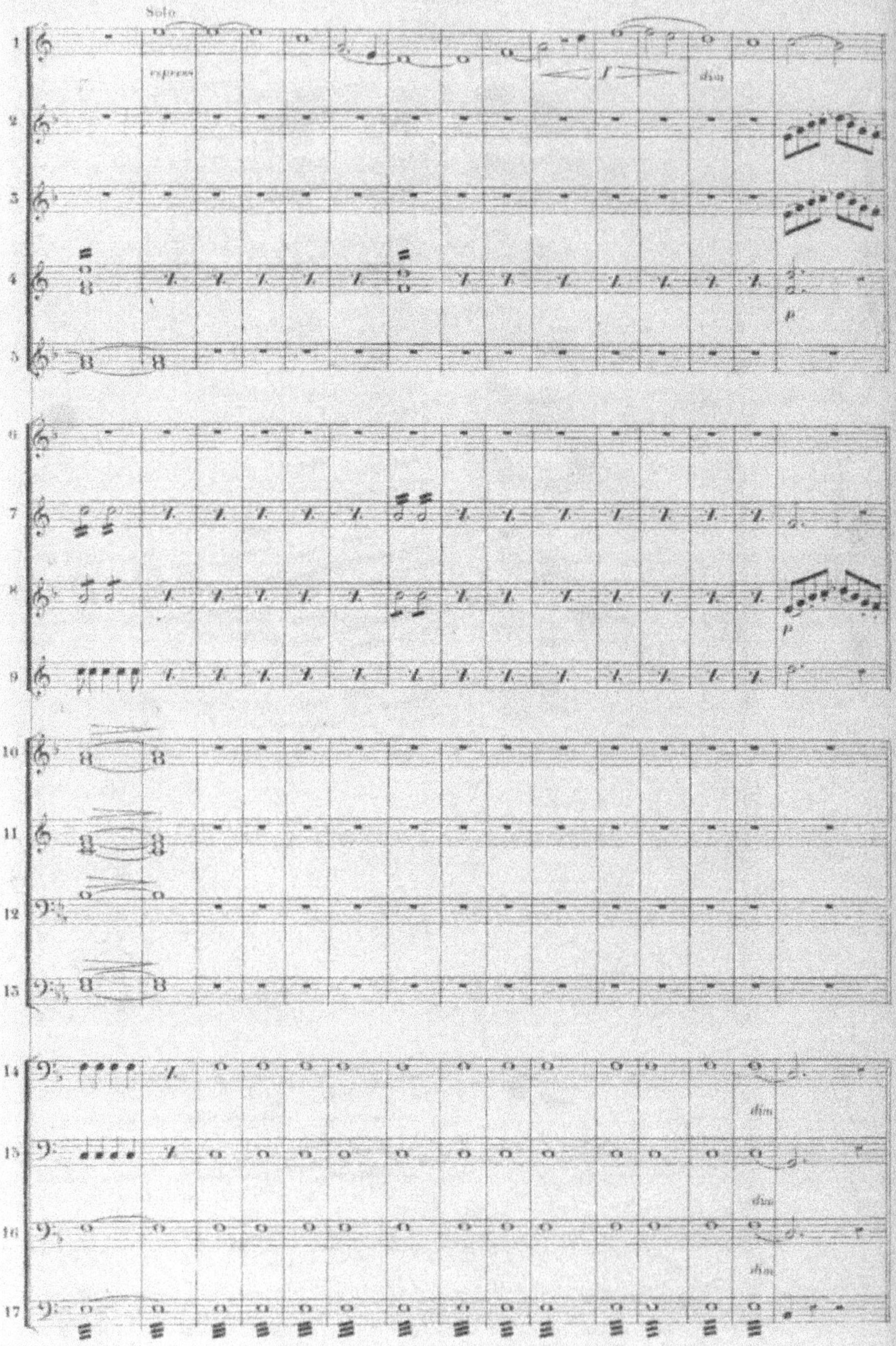

Solo
espress
dim
dim
dim
dim

THÈME VI.

1re flûte ré ♭. 1
Gde flûte en ut. 2
Hautbois. 3
1re clar. mi ♭. 4
1er & Gd. clar. si ♭. 5
2e et 3e id. 6
Sopranos. 7
Altos. 8
Ténors. 9
Barytons. 10
1ers Cornets si ♭. 11
2e. id. 12
Trompettes mi ♭. 13
1er Trombone. 14
2e et 3e id. 15
Soprano. 16
Contraltos. 17
Altos mi ♭. 18
Barytons. 19
Basses. 20
C. B. mi ♭. 21
C. B. si ♭. 22
Batterie. 23

SAXOPHONES.

SAXHORNS.

FANFARE.
THÈME VI.
Allo.
1er Soprano mi b. 1
1er et 2e Contraltos si b. 2
2e et 3e id. 3
1er et 2e Altos mi b. 4
3e et 4e id. 5
Barytons si b. 6
Soprano. 7
Alto. 8
Ténor. 9
Baryton. 10
1er et 2e Cornets si b. 11
Trompettes mi b. 12
1er Trombone. 13
2e et 3e id. 14
Basses. 15
C.B. mi b. 16
C.B. si b. 17
Timbales si b_fa. 18
SAXHORNS.
SAXOPHONES.

Il existe encor un moyen de simuler le tremolo mais l'effet rendu laisse beaucoup à désirer.

Ce moyen consiste à donner des rythmes différents aux divers instruments exécutant le tremolo.

ACCORDS ARPÉGÉS.

On n'a pas jusqu'ici je crois, essayé de produire dans la musique d'harmonie des effets d'accords arpégés.

Cette transcription quoique difficile, peut donner d'excellents résultats, si l'on sait s'y prendre adroitement.

Cet exemple transcrit de la manière suivante pour harmonie, rendra autant qu'il est possible l'effet cherché.

Cette manière n'est pas la seule praticable, on pourrait encore combiner les rythmes différemment, mais nous avons recherché ici la facilité, chose importante à considérer lorsque l'on écrit pour des exécutants dont on ignore le degré de virtuosité.

THÈME VII.

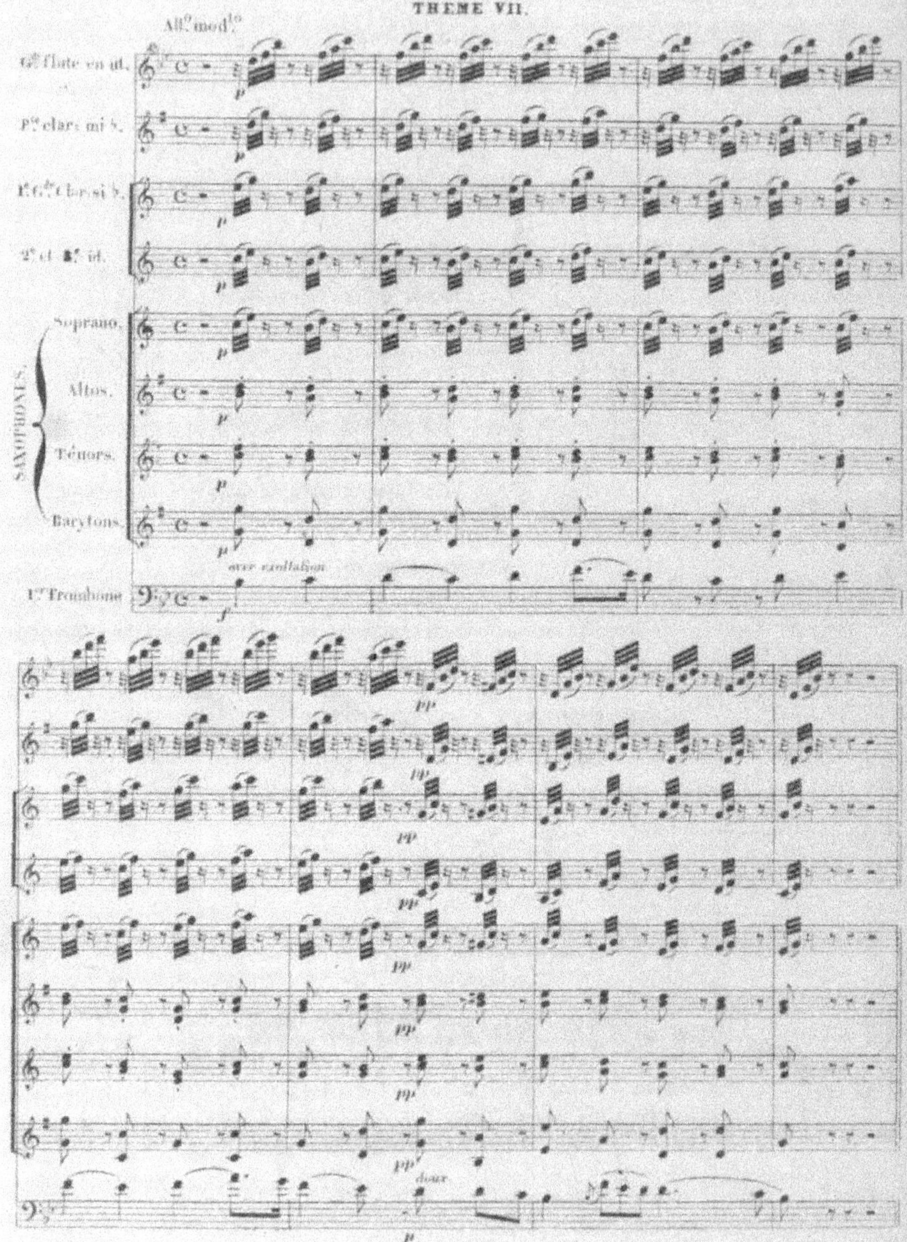

Cet effet, assez bien rendu par la musique d'harmonie, me parait presque impossible à
produire avec la fanfare.

Si cependant l'on voulait essayer, le mieux dans ce cas, serait de remplacer les flûtes
et clarinettes, par les saxophones sopranos et altos, en donnant à ces derniers la partie
des saxhorns altos mi b.

L'élève orchestrera pour harmonie et fanfare, le thème VIII et pour harmonie, le thème IX.

THÈME VIII.

THÈME IX
CHANT.
PIANO.
Comme un é _ clair préci _ pi _ té dans _ son
ô _ _ me Frappe mon fils, ô vé _ ri _ té, de _ ta flam _ me, Frappe mon
fils, ô vé _ ri _ té, de _ ta flam _ me Qu'il soit dompté comme l'airain par le
feu! Ah! _ comme un é _
_ clair préci _ pi _ té dans son â _ me Frappe mon fils, ô vé _ ri _ té de _ ta
(Harpes)
Orchestre
Harpes

Remarque. On rencontre souvent dans la musique pour piano l'abréviation **Ped** ce qui veut dire (Pédale) suivie du signe ⊕

Ce mot ne doit pas être confondu avec son homonyme pris dans le sens harmonique. La *pédale* du piano, est un mécanisme mû par le pied, qui permet à la note frappée de se prolonger pendant tout le temps que la corde vibre et cela sans le secours des doigts.

EX: le signe ⊕ indique la suppression de la pédale.

4ᵐᵉ LEÇON.

Instrumentation d'une Sonate.

Ce genre de musique offre quelques difficultés dans la transcription pour musique militaire.

On est souvent gêné par la tournure de certains traits, le saut des parties, etc. etc.

A ce propos, je vais donner la marche à suivre à tous ceux qui ignorent les principes de l'harmonie, et qui, sont souvent embarrassés pour choisir telle ou telle note de l'accord qu'ils transcrivent.

La musique d'ensemble se compose toujours de 2_3 ou 4 parties réelles; par exception 5 et 6, 7 ou 8.

On voit par les lignes ponctuées des exemples précédents, que chaque *partie* d'un en_semble, suit une route indépendante et distincte de celle suivie par sa voisine.   Or, l'ins_trument chargé d'exécuter une de ces parties doit suivre exactement le même chemin sous peine de s'égarer et de commettre de grosses fautes. De plus on doit tenir compte du diapason, et surtout ne pas intervertir l'ordre des parties.

Ainsi, l'ex:1 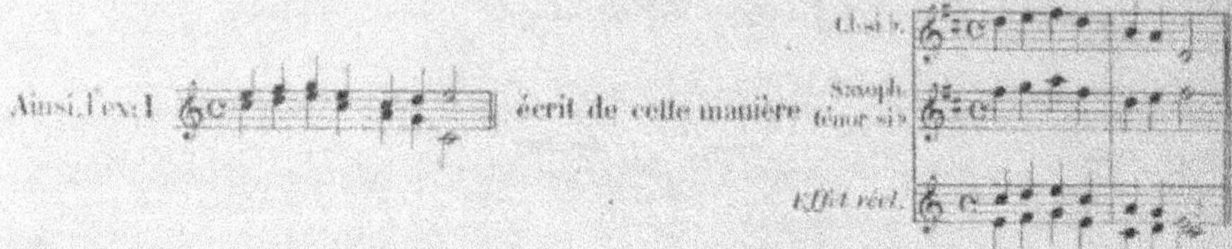 écrit de cette manière

ne produirait pas l'effet voulu; puisque les parties seraient en rapport de sixtes au lieu de tier_ces. **Transcrit de cette autre** manière:  l'effet quoique meilleur (car la 1.e partie est à l'aigu et la 2.e au grave) ne serait pas en_core celui de l'exemple 1, puisque la 2.e partie se trou_verait à la distance d'une 10.e c'est-à-dire une octave plus basse que dans l'exemple 1.

Si donc on était obligé d'écrire pour une clarinette et un saxophone l'exemple 1 on s'y prendrait ainsi:

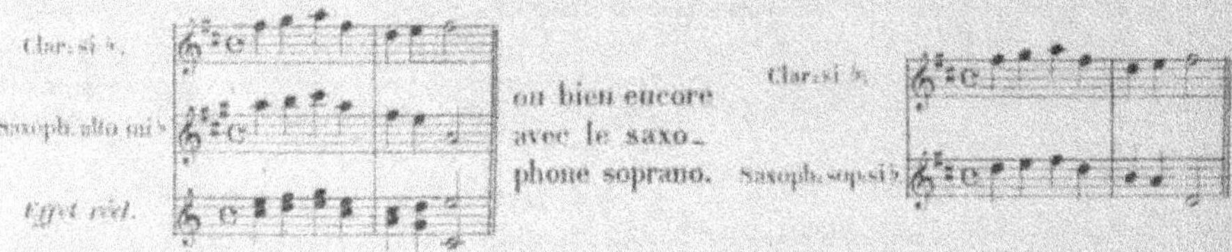 ou bien encore avec le saxo_phone soprano.

Ainsi il est bien entendu, que l'on doit: 1.º suivre exactement la marche des parties, 2.º se préoccuper de l'intervalle qui les sépare, 3.º les transcrire dans leur diapason respectif (abs_traction faite de la transposition générale du morceau). Ces précautions prises, il est per_mis de doubler à un, deux ou trois octaves supérieures la 1.e partie et d'opérer dans le sens inverse pour la 4.ème

Ex.III. 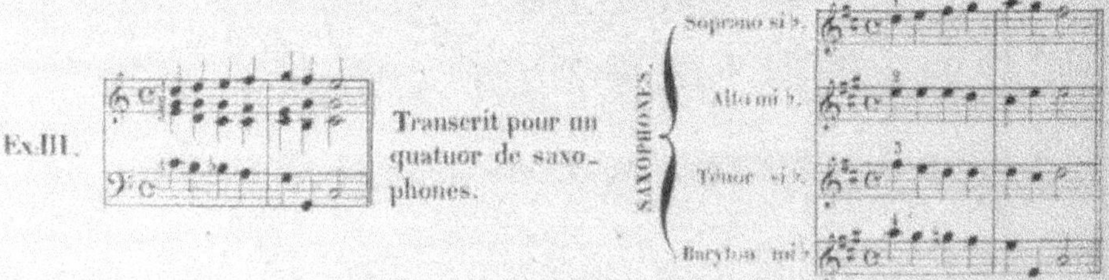 Transcrit pour un quatuor de saxo_phones.

Si nous voulions faire exécuter ce passage par tout l'orchestre, nous commencerions par doubler, tripler, quadrupler chacune des parties de cet exemple, par des instruments cor_respondant au diapason de ceux déjà employés; ainsi le Saxoph.^{ne} soprano serait doublé par les G.^{des} clar: si♭, les Cornets, les Saxhorns contraltos si♭. Les Saxophones altos mi♭

et ténors si ♭ pourraient être doublés par les saxhorns altos mi ♭ et les barytons. Enfin le saxophone baryton mi ♭ par les basses si ♭. Comme il nous est permis de doubler à l'aigu la première partie, nous la ferions également exécuter par la petite clarinette mi ♭, le hautbois et la petite flûte. Dans le grave, nous ferons ressortir la 4ᵉ partie, par les contre-basses mi ♭ et si ♭ graves. Ces doublures au grave et à l'aigu, augmenteront considérablement la sonorité générale.

On remarquera dans cet exemple que certains instruments tels que les 2⁵⁵ clarinettes, les saxophones altos mi♭, les cornets etc. etc. exécutent 2 parties. Cette division est nécessaire pour donner de la puissance et de la richesse à l'orchestration. Cela provient de ce que les intervalles harmoniques frappés par des timbres semblables produisent beaucoup plus d'effet qu'exécutés par des timbres différents.

Ainsi l'exemple  exécuté par 2 cornets produira beaucoup plus d'harmonie qu'exécuté par un cornet et une clarinette ou un hautbois; on comprendra donc sans peine, que plus les parties sont doublées et plus l'instrumentation est riche.

Il n'est pas toujours aisé, pour les personnes étrangères à l'harmonie, de distinguer la marche des parties.

Dans les exemples précédents, il était facile de les suivre, mais certains passages offrent plus de difficultés.

Voici un exemple qui pourra servir de modèle dans mainte circonstance.

Ceci dit, revenons à l'instrumentation d'une Sonate pour piano.

THÈME X.

THÈME X.

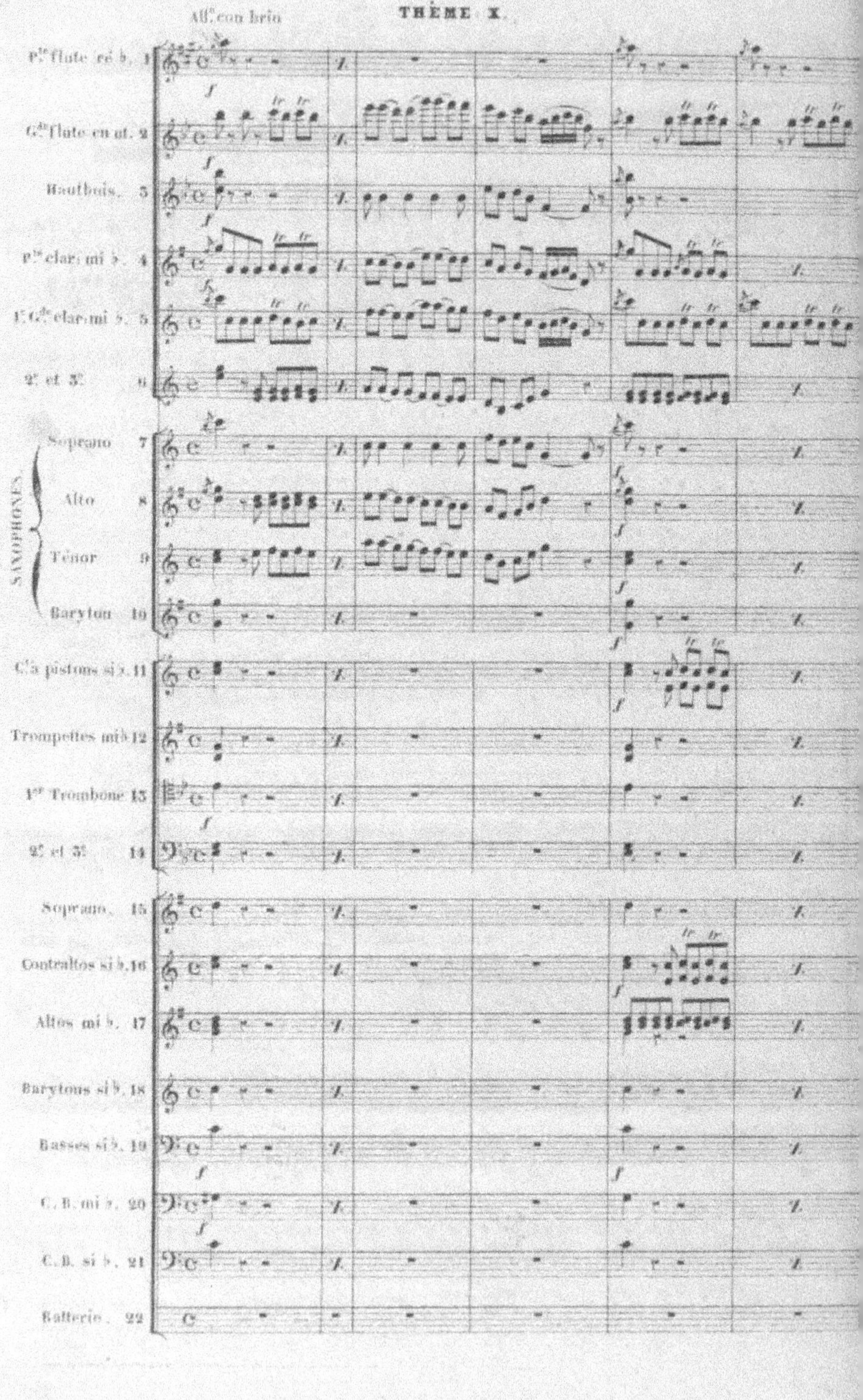
All.º con brio
P.re flûte ré ♭. 1
G.de flûte en ut. 2
Hautbois. 3
P.re clar. mi ♭. 4
1.e G.de clar. mi ♭. 5
2.e et 3.e 6
SAXOPHONES
Soprano 7
Alto 8
Ténor 9
Baryton 10
C.ts à pistons si ♭. 11
Trompettes mi ♭ 12
1.er Trombone 13
2.e et 3.e 14
Soprano. 15
Contraltos si ♭. 16
Altos mi ♭. 17
Barytons si ♭. 18
Basses si ♭. 19
C. B. mi ♭. 20
C. B. si ♭. 21
Batterie. 22

De la manière d'enchainer les motifs d'un Opéra pour en composer une Fantaisie.

Extraire d'un opéra quelconque une Fantaisie, est un travail qui demande beaucoup de goût et d'habileté.

Savoir choisir les motifs, les faire ressortir l'un par l'autre, les enchainer par des modulations heureuses, tout cela nécessite de l'étude, du soin et du savoir faire.

C'est ce qui explique le peu d'intérêt que l'on éprouve à l'audition de certaines fantaisies, arrangées sans goût, dont les motifs mal enchainés, tronqués, coupés, déformés à les rendre méconnaissables, se succédant sans ordre et sans méthode forment un beau désordre incompréhensible.

Nous allons donner la manière suivie par les meilleurs arrangeurs; cette façon de faire n'est pas une règle immuable, mais plutôt une formule dont on a reconnu les excellents effets et qui peut varier à l'infini suivant le goût et le talent de l'arrangeur.

Trois choses principales sont à observer:

1ᵉ Suivre dans l'arrangement l'ordre de la partition, c'est-à-dire, ne pas placer au commencement de la Fantaisie un morceau du 3ᵉ acte de l'opéra par exemple, puis revenir sur ses pas pour faire suivre ce morceau par un autre contenu dans la première partie de l'œuvre qu'on arrange.

2ᵉ *Faire ressortir les motifs*, en faisant succéder à un mouvement gai, léger ou bruyant, un *Andante*, un *Adagio*, etc.

3ᵉ Terminer la Fantaisie par un *Allegro* en manière de stretto ou coda, ce qui sert de conclusion brillante.

Ceci dit, prenons au hasard une partition, **Faust** de GOUNOD par exemple, et d'un autre côté la partition d'une Fantaisie tirée de cet opéra.

En examinant en détail la partition de la Fantaisie et en la comparant à la partition de l'opéra, nous apprendrons de quelle manière l'arrangeur s'y est pris pour extraire la Fantaisie que nous avons sous les yeux.

D'abord, il transcrit la magistrale Introduction (page I) qui se termine par les mesures suivantes.

Puis il supprime le récit des pages 5 et 6, et il prend les 4 mesures Allᵗᵒ forte (page 7) qui précèdent l'Andante Maëstoso (*Salut ô mon dernier matin*).

Puis il continue (page 8) par le charmant $\frac{6}{8}$ Chœur de coulisse (*Paresseuses filles* etc.) pour faire une opposition vigoureuse à la nuance *pianissimo* qui termine ce chœur, il at_taque la Kermesse (Acte II, page 29) enchaînée de cette manière.

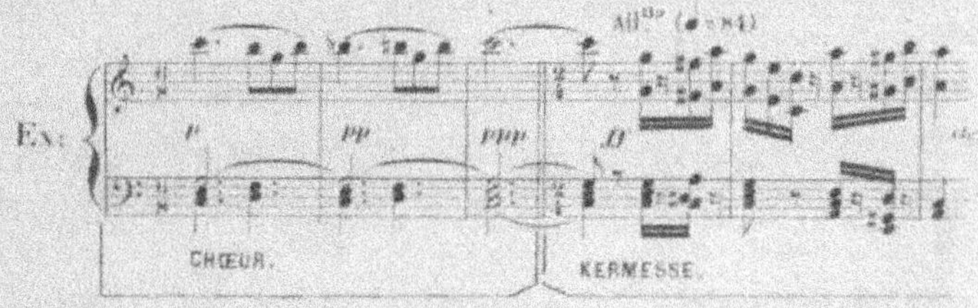

Et après tout ce tapage il enchaîne comme il suit le délicieux $\frac{3}{4}$ Andantino (page 77).

Ici M. Valentin l'auteur de cette Fantaisie revient sur ses pas, pour placer après cet Andantino la Chanson du Veau d'or (page 52).

Cette chanson bachique se termine par un point d'orgue de petite clarinette amenant l'air gracieux des bijoux (page 111).

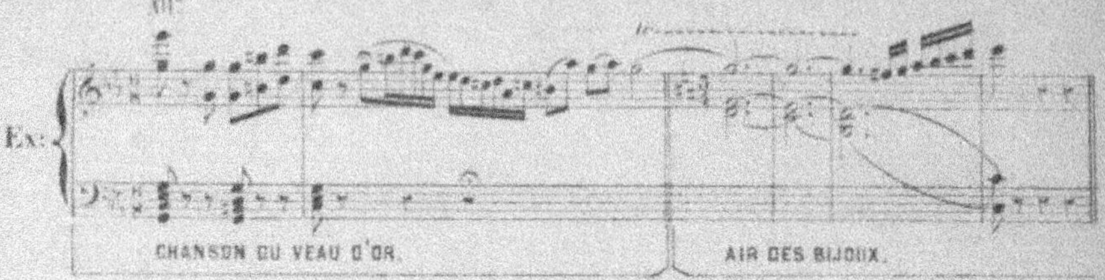

Ici encore l'arrangeur est en contradiction avec notre manière de voir, qui veut que les morceaux s'enchaînent selon l'ordre de la partition, car, après l'air des bijoux (Acte III) M! Valentin place de suite le Choral des épées (Acte II, page 61). Nous avons choisi exprès cette Fantaisie, pour prouver une fois de plus, qu'il n'y a pas de règle sans exceptions, et que ce que nous avons dit au commencement de cette leçon doit être subordonné au goût de celui qui travaille.

Dans tous les cas, il est préférable de sacrifier l'ordre des morceaux, au bon enchaînement et à l'effet général.

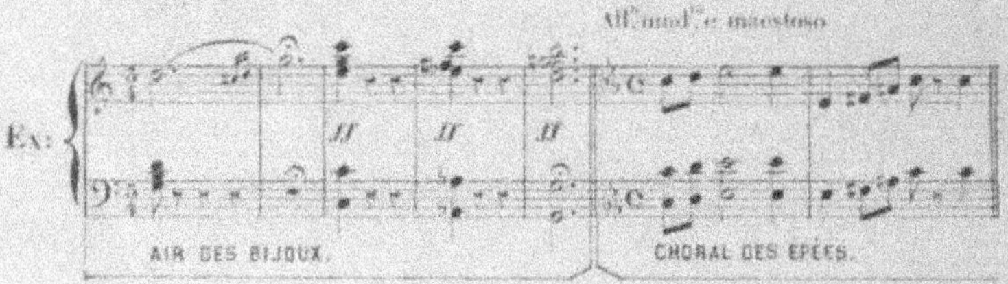

Puis succède au Choral le Duo entre Faust et Marguerite (Andante $\frac{3}{4}$ page 138) dont la douceur fait un heureux contraste à côté du fortissimo précédent.

Enfin par une rentrée habile, cette Fantaisie se termine par la Prière finale *Anges purs, anges radieux.*

J'espère que cette analyse suffira pour se rendre compte de la manière dont on doit traiter une Fantaisie, mais on ne doit pas oublier que c'est seulement en écrivant et en écrivant beaucoup que l'on acquiert l'expérience et la sûreté de mains nécessaire à ces sortes de choses.

FIN.

Imp. RAIMON-PARENT R. Rodier